SABEDORIA E INTUIÇÃO
Doze
extraordinários
inovadores
contam como a
intuição pode
revolucionar
a tomada
de decisões

RON SCHULTZ

SABEDORIA E INTUIÇÃO
Doze extraordinários inovadores contam como a intuição pode revolucionar a tomada de decisões

Tradução
ADAIL UBIRAJARA SOBRAL
MARIA STELA GONÇALVES

Editora
Cultrix
SÃO PAULO

Título original: *Unconventional Wisdom – Twelve Remarkable Innovators tell How Intuition can Revolutionize Decision Making.*

Copyright © 1994 Ron Schultz.
Publicado mediante acordo com a HarperCollins Publishers, Inc.

Copyright da edição brasileira © 1996 Editora Pensamento-Cultrix Ltda.

7ª edição 2012.

Epígrafe ao Capítulo 1 © 1974, 1975, 1976, 1977, 1978, 1979 de Robert Hass. Extraído de *Praise*, publicado pela The Eco Press. Reproduzido com permissão.

Excerto de *Collected Poems*, de Wallace Stevens. Copyright © 1954 de Wallace Stevens. Reproduzido com permissão de Alfred A. Knopf.

The Gray-Wheelwright Jungian Type Survey Test. Copyright © The C. G. Jung Institute of San Francisco. Reproduzido com permissão de C. G. Jung Institute de San Francisco.

Dados Internacionais de Catalogação na Publicação (CIP)
(Câmara Brasileira do Livro, SP, Brasil)

Schultz, Ron, 1951-
    Sabedoria e intuição : doze extraordinários inovadores contam como a intuição pode revolucionar a tomada de decisões / Ron Schultz ; tradução Adail Ubirajara Sobral, Maria Stela Gonçalves. -- 6. ed. -- São Paulo : Cultrix, 2006.
 	
    Título original: Unconventional Wisdom : twelve remarkable innovators tell how intuition can revolutionize decision making
    ISBN 978-85-316-0516-1
 	
    1. Administração - Estudo de casos 2. Decisões - Estudo de casos 3. Intuição - Estudos de casos
    I. Título

06-1168   CDD-658.403

Índices para catálogo sistemático:

1. Administração : Estudo de casos :
Administração executiva   658.403

Direitos de tradução para o Brasil
adquiridos com exclusividade pela
EDITORA PENSAMENTO-CULTRIX LTDA.
Rua Dr. Mário Vicente, 368 – 04270-000 – São Paulo, SP
Fone: (11) 2066-9000 – Fax: (11) 2066-9008
E-mail: atendimento@editoracultrix.com.br
http://www.editoracultrix.com.br
que se reserva a propriedade literária desta tradução.
Foi feito o depósito legal.

Este livro é dedicado a
Johana, Emily, Laura, Christie e Peggy

SUMÁRIO

Agradecimentos 9
Introdução — Construindo um Alicerce para as Decisões 13

1. John Sculley: Estruturando uma Apple Melhor 29
2. Roberta Williams: Contos de Fadas Podem Tornar-se
   Realidade 40
3. John Rollwagen: As Respostas Mais Rápidas do Mundo ... 51
4. Michael Mondavi: Decantando as Decisões Corretas 65
5. Margaret Loesch: A Coisa Certa na Hora Certa 76
6. Robert Pittman: Um Caminho Não-Convencional 89
7. Harold Williams: Os Campos do Petróleo e das Pinturas .. 100
8. Peter H. Dailey: O Criador de Presidentes 109
9. Ira Glasser: A Liberdade de Decidir 118
10. R. E. McMaster: O Momento é Agora............................ 131
11. Eugene Kranz: O Homem e a Lua 142
12. Dr. Lewis R. Goldfrank: Emergência! 155
13. Ativar o que Você Sabe 168
14. Exercitar a Mente Intuitiva 176

Apêndice — Levantamento Tipológico Junguiano 183

AGRADECIMENTOS

A experiência e o conhecimento constituem a base das respostas intuitivas bem-sucedidas. Para minha felicidade, pude falar com algumas pessoas notáveis, capazes de partilhar comigo seu conhecimento e experiência. Sem o seu tempo, seus esforços e sua capacidade de expressar o que sabem, este livro jamais poderia ter sido escrito. É com grande reconhecimento que lhes agradeço agora.

No mundo dos negócios, os seguintes tomadores de decisões me revelaram seus pensamentos, percepções e ações: Regis McKenna, Don Richard, Richard Schwartz, Michael Brown, Bijan Amini, Barbara Hendra, Ted Doster, Al Silverman, Robert Tirone, Victor Kiam, Herbert Conrad, Pete Dawkins, Helen Gurley Brown, Michael Silva e Lillian Vernon.

Entre os psicólogos, tive a oportunidade de falar com dois homens profundos, intuitivos e atenciosos, cuja contribuição foi de imenso valor para este projeto: o dr. Joseph B. Wheelwright e o dr. Robert Johnson.

No mundo das diversões e dos esportes encontrei uma fonte inesgotável de informações sobre a função intuitiva. Stephen J. Cannell, Phyllis Tucker Vinson, Perry Lafferty, Gordon Davidson, Robert Fraley, Joe Gibbs, Gene Bartow, Al Campanis e Jack McKeon me forneceram com franqueza, todos eles, suas histórias e percepções.

As comunidades científica e médica há muito vêm valorizando o salto intuitivo capaz de levar o cientista a descobertas imprevistas. Sou muito grato a Lew Allen, Bruce Murray, Murray Gell-Mann, Edmund Rutsky, Frank Hughes, Phillip R. Fine e Seymour Papert por sua boa vontade de falar sobre algo que vai além da mera lógica das coisas, tratando do que Murray Gell-Mann denominou "O alçar-se ao alto do espírito humano".

A política requer uma mente atilada, capaz de assimilar e sintetizar uma variedade de idéias diferentes e díspares. O político tem de ser capaz de tomar uma posição com base nessas questões praticamente a qualquer momento. Estas mentes maravilhosas prestaram a este livro um serviço que não tem preço: Edmund G. "Jerry" Brown Jr., Senador John Chaffee, E. Allison Thomas, Charles Grattick, Fredrick Downs e Dee Fine.

Além daqueles cujas entrevistas forneceram boa parte do conhecimento essencial em que este livro se baseia, houve outros que deram outro tipo de apoio. O desenvolvimento deste projeto deve boa parte do seu sucesso aos esforços combinados de Lisa Cron, Ken Luboff, Ken Clements, Barbara Hendra, Karen Farrell, Julie Marshall, Judy Hubner e Norm Levine, com um agradecimento especial a Sam Schultz. Sua visão, seus comentários e seu apoio ajudaram este projeto a fazer-se ao mar e me mantiveram à tona durante a longa viagem.

E há os assistentes de administração e diretores de comunicação que me deram uma ajuda particular ao me proporcionar o contato com aqueles cujo tempo protegem. Minha mulher sempre me disse para fazer que essas pessoas soubessem o quanto aprecio seus esforços em meu favor — e é o que faço. Obrigado a Arlyn Avery, a Maxine Lowell, a Barbara Sevier, a Karen O'Neill, a Anita Greene, a Frank Parisi e a Bobbi Howe.

Por fim, este projeto deve a continuidade de sua vida na Harper-Business a muitos preparadores diferentes que lhe mantiveram a chama acesa. Martha Jewett e Ed Breslin deram andamento ao projeto até que fosse passado às mãos capazes e interessadas de Frank Mount. Frank estimulou e moldou este livro, acreditou nele e até se mostrou apropriadamente impressionado quando eu precisava sentir esse apoio. Ele sempre foi sincero, honesto e profissional tanto nas divergências como nas concordâncias. Para minha felicidade, concordamos muito mais do que discordamos. Eu teria muita sorte se pudesse trabalhar com outros preparadores que se dedicassem tanto quanto Frank.

Ron Schultz
Santa Fé, Novo México

O QUE ABRE

Toda luz é luz disponível
Paul Strand

Even from here, 33 floors up,
through spandrel glass
the city visible but barely seen,
sun suggesting shadows
on the wide mahogany, the desk
polished to reflection.
Suddenly (or did the focus shift?),
the shapes, the telephone, the intercom
break open & what speaks
illuminates, the forms, the shadows
sheer surprise, as though
what waited found its light.

Peggy Aylsworth

[Mesmo daqui, do trigésimo terceiro andar,/pelo vidro em arco,/a cidade visível mas mal percebida,/o sol sugerindo sombras/no amplo mogno, a escrivaninha/polida como um espelho./De súbito (ou terá mudado o foco?),/as imagens, o telefone, o interfone/se abrem & o que fala/ilumina as formas, as sombras:/pura surpresa, como se/o que esperava tivesse encontrado a sua luz.]

INTRODUÇÃO

CONSTRUINDO UM ALICERCE
PARA AS DECISÕES

Que fatores elevam as capacidades dos tomadores de decisões bem-sucedidos acima das de outras pessoas? Serão eles mais espertos? Serão mais criativos, mais atrevidos, mais confiantes? O que os distingue?

Não é uma simples questão de ter as informações certas. Se assim fosse, todos poderiam tomar as decisões corretas. A diferença entre tomar a decisão certa e a errada não está nas coisas evidentes, mas naquilo que é sutil e que, na maioria das vezes, não se mostra. O que acontece no íntimo desses tomadores de decisões bem-sucedidos quando eles têm de tomar uma decisão?

O que levou ao planejamento por Harold Williams da incorporação Getty-Texaco/Pennzoil, que mais tarde resultaria no maior julgamento da história empresarial, contra a Texaco? O que fez John Sculley tomar as abaladoras decisões que estiveram por trás de sua bem-sucedida reestruturação da Apple Computer? Como Robert Pittman, aos vinte e sete anos, levou a MTV ao primeiro lugar em níveis de audiência e depois assumiu a liderança da Time Warner Enterprises? De que maneira Gene Kranz, diretor de operações de missão da NASA, tomou a decisão final de fazer Neil Armstrong e Buzz Aldrin — com o computador de bordo da nave temporariamente defeituoso — descerem na Lua? Quando o Comitê para a Reeleição do Presidente tentou persuadir Peter Dailey de que não havia necessidade de uma auditoria do seu trabalho na campanha de Richard Nixon de 1972, por que ele insistiu — salvando-se de um inaudito sofrimento quando da eclosão do escândalo de Watergate? O que dirige o doutor Lewis Goldfrank, chefe do Departamento de Serviços de Emergência do Bellevue Hospital, de Nova York, quando ele tem de decidir como tratar um paciente comatoso grave sem histórico médico que tem o resto da vida dependente da decisão que ele tomar?

Eis algumas das decisões que *Sabedoria e Intuição* vai examinar. As decisões são tão variadas quanto as personalidades que as tomaram, mas, em todos os casos, o processo, a capacidade de reunir todos os elementos necessários a uma ação decisiva, tem um fio essencial comum: a capacidade de reconhecer as possibilidades e depois escolher a direção apropriada. Mergulhar na maneira pela qual cada uma dessas personalidades realiza esse processo visionário e de seleção pode revestir-se de um caráter deveras pessoal. Don Richard, ex-vice-presidente da Atari Corporation, de Jack Tramiel, mostrou-se a princípio relutante em discutir essas idéias. Ele julgava que isso ia contra a sua religião.

Meu propósito é exatamente fazer essa investigação. *Sabedoria e Intuição* expõe as crenças e vozes interiores que os tomadores de decisões bem-sucedidos consultam, mas que raramente partilham. Por quê? Porque, para compreender como eles decidem, temos de examinar as áreas ocultas que eles consideram sagradas. Para muitas dessas pessoas, esse processo se assemelha ao culto religioso, figurando entre seus pensamentos e sentimentos mais íntimos e profundos. Falar a respeito disso equivale a se revelar de uma maneira a que eles não estão acostumados.

Mesmo assim, é importante trazer essas questões à tona. Quando identificamos o processo, podem acontecer várias coisas boas. Em primeiro lugar, o processo pode ser aprimorado de modo a incrementar seu funcionamento. Em segundo lugar, as pessoas que têm de decidir se tornam mais conscientes de domínios mais amplos de possibilidade. Em terceiro, o desvelamento desses processos interiores começa a tornar a pessoa mais íntegra, permitindo-lhe usar melhor o poder do cérebro inteiro.

O que vai ser apresentado nos capítulos a seguir é essencialmente um livro de histórias, cheio de relatos da vida real de pessoas hoje encarregadas de decisões a serem tomadas sob pressão, demonstrando seus processos, seus saltos, bem como as decisões que tomaram.

Trata-se de pessoas que atingiram o ápice de seus respectivos campos profissionais, que incluem os negócios empresariais, os esportes, as diversões, o governo e a medicina. Sua experiência e a maneira como abordam as decisões permitem-nos descortinar seus vários universos de ação e sua natureza como pessoas.

Esses líderes falam do estabelecimento de objetivos, da formulação de procedimentos e da coleta de informações, o que inclui saber de quanta informação têm de fato necessidade. Eles explicam como sabem que chegou o momento certo — ou errado — de agir. Expõem o modo como percebem tendências e ciclos, o comportamento do mercado e das fusões empresariais. Falam de motivação, de trabalhar com o seu pessoal e do sucesso que alcançaram. E revelam ao longo de tudo isso sua profunda e contínua confiança em suas aguçadíssimas capacidades interiores.

É no âmbito desse vasto domínio de processos interiores que reside o sucesso de quem toma decisões. No cerne dessa fonte está uma função psicológica chamada intuição — o palpite, a sensação íntima ou a inspiração repentina. Seja qual for o nome que lhe dermos, todas as mais de sessenta pessoas entrevistadas para este livro creditaram seu êxito a esse sentido intuitivo discreto, muitas vezes fugidio e aparentemente irracional. Isso não quer dizer que a intuição seja a única diretriz do processo de decisão. Ainda assim, como veremos, quando a pressão ataca, a intuição entra em campo.

Como explicarei brevemente adiante, sempre é difícil definir a intuição. Sendo primordialmente um processo inconsciente, ela desafia aquilo que consideramos o raciocínio racional. O pensamento é racional: um mais um são dois. A intuição, no entanto, é um processo interior no qual os dados e informações são sintetizados sem a ajuda de uma calculadora ou de um fluxograma. Segundo o psicólogo Carl Gustav Jung, a intuição é uma capacidade inconsciente de perceber possibilidades, de ver o quadro global ao mesmo tempo que se está voltado para a situação local.

Aprender a ouvir essa voz interior, a reconhecer suas manifestações, a confiar nesse sentido inato de direção e seguir as advertências que ela faz são as lições a ser encontradas em cada uma das histórias apresentadas a seguir. Como será demonstrado, a intuição é o processo de saber o que se sabe. O segredo do uso bem-sucedido dessas informações é confiar no processo o suficiente para agir com base nesse conhecimento.

Gordon Davidson, ganhador do Prêmio Tony de melhor diretor, diretor artístico da Mark Taper Forum em Los Angeles, compara o processo a um atleta olímpico parado na borda de uma prancha de saltos. "Quando deixa a prancha, você fica solto no espaço, fazendo tudo aquilo que é treinado para fazer, o que não difere muito dos momentos em que se tem de tomar uma decisão. Isso não deixa de ter relação com o momento numa peça em que as luzes se acendem e você tem de começar a representar. O ator não sabe se as palavras vão sair, se vai se lembrar de suas falas, se tudo vai ser como ele se preparou para que fosse. É esse o momento em que você usa uma combinação de técnica, treino e intuição."

A fim de facilitar o desenvolvimento do processo intuitivo do leitor, há uma série de exercícios no final do livro. Essas atividades foram concebidas e testadas para ajudar a identificar, aperfeiçoar e desencadear o processo intuitivo, ao mesmo tempo que preparam quem tem de tomar decisões para ouvir e saber o que sabem. Como disse o famoso cientista Louis Pasteur: "A sorte favorece a mente preparada, tornando-a madura para descobrir." E como reiterou a coreógrafa de renome mundial Martha Graham: "Não existe uma lampadinha que de súbito se acende. Você tem de preparar a mente para a intuição." *Sabedoria e Intuição* é uma jornada que vai preparar seus leitores para confiar em sua própria intuição e para se tornar receptivos a um mundo de possibilidades inovadoras.

Compreender o funcionamento interior do processo de decisão é uma tarefa complexa e muitas vezes enganosa. As pessoas se vêem às voltas com essa questão desde que a humanidade usou a cabeça pela primeira vez, decidindo se era aconselhável atacar uma fera violenta ou se fazia mais sentido continuar a comer raízes e brotos.

Em última análise, decidir depende daquilo que sabemos. Se é do nosso conhecimento que a besta selvagem não enxerga um palmo adiante do nariz, podemos nos preparar para enfrentar seu ataque. O que fazemos é usar o conhecimento, os valores e a experiência passada, ao lado da situação, do nosso entendimento e da nossa visão presentes, e aplicá-los ao futuro. Se esse for um pressuposto aceitável, o fato de saber como sabemos oferece um arcabouço para uma melhor compreensão do processo de decisão.

Nos séculos VI e VII a.C., sempre que se viam diante de uma decisão premente, os líderes da Grécia Antiga dirigiam-se ao Monte Parnasso. Vencendo o aclive acidentado, eles chegavam ao Oráculo de Delfos. Ali, Apolo tornava a sua vontade conhecida daqueles primeiros tomadores de decisões por meio dos vapores quentes e sulfurosos que saíam de uma fissura da parte lateral daquele vulcão ativo.

Os filósofos gregos, no entanto, queriam mais do que leituras de emanações vaporosas. Eles desejavam a posse e a compreensão do conhecimento. Tal como Prometeu, era sua intenção trazer para a Terra o fogo do saber.

Com essa inspiração, filósofos como Platão, Sócrates e Aristóteles deram profundos mergulhos na lógica, na ética e na natureza do conhecimento e exprimiram suas descobertas em diálogos e tratados.

Para Aristóteles, há dois gêneros essenciais de saber. O primeiro é científico, tendo por base etapas fundamentais comprovadas. O cientista sabe que algo é verdadeiro porque, mediante a experimentação, teve uma compreensão essencial dos pressupostos em que se fundamenta o seu experimento.

A segunda forma de conhecimento é, para Aristóteles, o conhecimento imediato. Trata-se de um saber independente de todo tipo de experimento, visto que os pressupostos primordiais em que ele está assentado, as verdades últimas, têm caráter intangível. Acreditava Aristóteles que o conhecimento imediato é alcançado por meio dos nossos sentidos e da nossa experiência. A imagem advinda dessa visão, contudo, não é a do objeto contemplado, mas do "universal". Para o filósofo grego, esses pressupostos essenciais do universal só podem ser induzidos. A esse saber imediato ele deu o nome de "intuição".

Aristóteles concluiu que apenas a ciência e a intuição constituíam modalidades sempre verdadeiras de conhecimento. Além disso, não existe conhecimento mais preciso do que a ciência senão a intuição, já que somente por meio desta última podem os pressupostos essenciais de todo conhecimento ser compreendidos.

E o que é "intuição"? O termo *intuição* vem do vocábulo latino *intueri*, "ver por dentro", derivado de *in*, "dentro", e *tueri*, "ver" ou "contemplar". Para os filósofos gregos, a intuição é o pensamento ou entendimento imediato não baseado na dedução, além de se configurar como uma introvisão produzida sem o uso dos órgãos dos sentidos, da experiência corriqueira e, em sua forma pura, nem mesmo da razão.

Se isso lhe parece uma definição sobremodo abstrata, você está certo. Para os gregos e para os seus seguidores, a intuição mantém estreitos vínculos com a metafísica. Era uma maneira de apreender os aspectos primeiros do mundo que não apresentavam nenhum suporte físico para a percepção. Isso nos deixa com um campo de investigação que nada tem de concreto.

Esse sistema de crenças acerca do modo de aquisição do conhecimento pelos seres humanos foi considerado verdadeiro até o século XVII d.C., quando as revelações de Copérnico, Kepler, Galileu e Newton revolucionaram a ciência. Suas observações astronômicas chocaram o mundo cristão, que impusera uma ortodoxia filosófica baseada nas escrituras. Contudo, o processo lógico e gradual em que o conhecimento científico sempre se fundamentara passara a mostrar que o universo não era como antes se acreditava. O que era tido por "verdadeiro" foi profundamente abalado pelas palavras desses hereges científicos.

René Descartes foi o primeiro a tentar integrar essas descobertas científicas num novo modo de explicar o processo mediante o qual o homem acede ao conhecimento. Graças a seu trabalho, Descartes é considerado o pai da filosofia moderna.

A abordagem cartesiana era simples: Duvide de tudo. Ele descobriu que a única coisa de que não poderia duvidar era o pensamento, o que o levou à sua famosa máxima: *Cogito ergo sum* (Penso, logo existo). Isso, por sua vez, originou seu princípio geral: "Tudo quanto concebemos de modo muito claro e distinto é verdadeiro." De acordo com Descartes, fazemos essas distinções ao abordar sistematicamente os problemas e ao analisá-los parte por parte. Isso significa ir do simples ao mais complexo ao mesmo tempo que se submete tudo a escrutínio a fim de ter certeza de que nada foi omitido.

Foi seguindo esse árduo processo científico que Descartes chegou à proposição de que o pensamento é a verdade. Com um único golpe filosófico, Descartes dissociou mente e corpo, que passaram a ser vistos como entidades distintas. Isso libertou a filosofia da necessidade de conciliar o metafísico com o físico. Todos os pensamentos humanos, segundo Descartes, eram condizentes com as leis da física e, portanto, com a ciência. A partir dele, a lógica e a razão assumiram a primazia diante do conhecimento intuitivo, mais imediato e aparentemente infenso ao raciocínio.

Tendo-se divorciado da metafísica, os filósofos deixaram de lado a questão de como os seres humanos vêm a obter conhecimento e passaram a dedicar-se ao exame da existência humana.

O processo de tentar deslindar o funcionamento interior do conhecimento não parou nesse ponto. Cedo a psicologia tomou para si essa tarefa. Na vanguarda dessa redivisão do estudo da mente estavam os praticantes da psicologia profunda. Os mais influentes dentre eles foram Sigmund Freud e Carl Jung. Depois de três milênios de debate, a mente tinha sua própria ciência.

A psicologia analítica moderna, desenvolvendo-se, começou a descobrir com rigor o que a filosofia apenas conjeturara. Se bem que influenciado por ideais filosóficos, o processo psicanalítico era uma tentativa de entender e explicar de maneira científica as raízes do funcionamento interior do homem. O caminho não começou com Freud, mas com certeza não começou muito longe dele.

Freud dava ênfase essencial aos distúrbios mentais, ou à psicopatologia. Sua preocupação era saber como a natureza humana interior, configurada nos desejos, complexos e temores, interferia no funcionamento no mundo exterior. Para Freud, a vida exterior era a tentativa do homem de satisfazer as necessidades desse plano interior. O processo de desvelamento desses níveis ocultos era, é claro, a psicanálise.

Antes de Freud, a interação entre os sentimentos, as percepções, os processos de pensamento e a vontade há muito era considerada consciente. Freud a situou sem hesitação no inconsciente, dizendo que somente passando esse material do inconsciente para a consciência as pessoas poderiam ter alguma idéia de sua própria existência. Isso exigia um atento exame dessas transferências inconscientes a fim de se compreender de modo claro o comportamento humano.

Na maioria de suas pesquisas, Freud dirigiu seu exame à mente perturbada em busca de satisfação. Ele não se preocupava com o que se poderia denominar, de modo não muito preciso, a mente "boa" ou a maneira de empregar a mente em bom funcionamento para agir e tomar decisões normalmente no mundo. Isso não constituía o interesse de Freud, que era, afinal, médico. Sua intenção era curar pessoas enfermas. O modo de consegui-lo foi descobrir o que impedia as pessoas de funcionar bem.

Carl Jung via a questão de forma um tanto diferente. A seu ver, a mente humana é um todo composto por muitas partes, que luta por alcançar a integralidade. Há doença e há saúde. Para Jung, o conhecimento e a realidade são questões de consciência e não de doença. Ele afirmava com freqüência que uma de suas principais dívidas para com Freud estava no fato de este ter explorado a psicopatologia de forma tão exaustiva que deixou Jung livre para estudar a saúde e suas ilimitadas possibilidades.

Tal como Freud, Jung teve formação médica. Além disso, ele sofreu uma profunda influência da filosofia alemã e oriental.

Jung dedicou-se com afinco a estudar os processos de relacionamento do homem com o mundo, de aquisição de conhecimento e de emprego desse conhecimento na ação. Segundo Jung, as pessoas são introvertidas ou extrovertidas. Os extrovertidos dirigem sua energia para o mundo exterior, ao passo que os introvertidos direcionam a sua, primordialmente, para seu próprio íntimo, sendo a divisão entre um e outro tipo da ordem de 50 por cento.

Além dessas duas atitudes fundamentais, Jung também acreditava na existência de quatro funções primordiais da mente: pensamento, sentimento, sensação e intuição. Essa divisão segue bem de perto as linhas da filosofia clássica. A diferença reside na aplicação dinâmica dessas quatro funções.

Jung é quem melhor descreve essa tipologia, que os pesquisadores denominam hoje "Tipologia de Jung". "Temos antes de tudo a sensação, nossa função dos sentidos", afirmou Jung numa palestra proferida na Clínica Tavistock, de Londres, Inglaterra, em 1935. "A sensação me diz que algo existe: ela não diz o que é esse algo nem outras coisas a seu respeito; ela apenas me diz que algo existe.

"A função seguinte é o pensamento. O pensamento, se vocês perguntarem a um filósofo", observou Jung com ironia, "é uma coisa muito difícil, o que é um bom motivo para nunca se perguntar a um filósofo sobre isso, pois ele é o único homem que não sabe o que é o pensamento. Todas as outras pessoas sabem o que o pensamento é. Quando dizemos a uma pessoa 'Agora pense direito', ela sabe exatamente o que queremos dizer, mas um filósofo nunca sabe. O pensamento, em sua forma mais simples, nos diz o que uma coisa é. Ele dá um nome a uma coisa.

"A terceira função é o sentimento. As mentes ficam muito confusas e as pessoas, furiosas quando falo sobre o sentimento, visto que, de acordo com a sua concepção, digo algo muito terrível sobre o sentimento. O sentimento informa a você, por meio das cargas emocionais que cria, o valor das coisas. Ele lhe diz, por exemplo, se uma coisa é ou não aceitável ou agradável. Ele diz o valor que algo tem para você."

E, resumindo: "A sensação nos diz que uma coisa existe. O pensamento nos diz o que ela é. O sentimento nos diz qual o seu valor. E que mais pode haver? Há uma outra categoria, o tempo. As coisas têm um passado e um futuro. Elas vêm de algum lugar e vão para algum lugar, e você não pode ver de onde elas vêm nem saber para onde vão, mas você tem o que os norte-americanos chamam de palpite, impressão. Eis o que recebe o nome de intuição."

Jung descreveu a intuição como o ser receptivo a possibilidades, a capacidade de ver a totalidade num único quadro. Definida assim, a intuição combina as filosofias de Immanuel Kant e de Henri Bergson, acrescentando-lhes algo mais. Tal como pensava Kant, a intuição é um saber que sintetiza o conhecimento passado e presente. Tal como pensava Bergson, ela revela uma imagem total. Entretanto, Jung sentia que ela era não só uma manifestação metafísica, mas também um processo ativo, uma maneira de perceber no mundo físico.

De acordo com Jung, a situação ideal seria ter um equilíbrio entre as quatro funções. Isso é praticamente impossível. A dificuldade que muitas pessoas têm de reconhecer seus próprios sentimentos é uma amostra de alguns dos problemas aí envolvidos. E quando a intuição — provavelmente a menos entendida e definitivamente a mais abstrata das funções — é envolvida, a situação fica ainda mais complexa.

Uma das dificuldades da compreensão do alcance da intuição reside no fato de que, nos termos da definição junguiana, ela não é tridimensional, mas quadridimensional. A contribuição indireta que Einstein deu à psicologia estabelece que vivemos num universo físico dominado por quatro dimensões: a altura, a largura, a profundidade e o tempo. Como o universo se acha em constante mudança, todas as coisas trazem em si, como medida determinante, o ponto no tempo em que ocorrem. Ao contrário das três outras dimensões que lhe acompanham, o tempo é de difícil compreensão. O mesmo ocorre com a função que lhe corresponde na mente, a intuição.

Há contudo algumas pessoas que se sentem bem à vontade em meio à fluidez do reino da intuição, especialmente quando se trata de decidir, do mesmo modo como há pessoas que juram que a única forma de resolver um problema é refletir exaustivamente a seu respeito. A razão disso, segundo Jung, está no fato de cada função ter o seu oposto polar. O oposto do pensamento é o sentimento e o oposto da intuição é a sensação. Jung julgava que a maioria das pessoas tem uma ou duas funções desenvolvidas, sendo as outras duas relativamente deficientes. Assim, se alguém tem como função dominante o pensamento, pode-se dizer que a sua função sentimento é inferior ou subdesenvolvida. O mesmo acontece com o par de opostos intuição-sensação.

Para Jung, a intuição e a sensação são as funções que percebem situações. A sensação tenta atingir a percepção mais precisa daquilo que existe, ao passo que a intuição tenta abarcar o maior número possível de possibilidades. Quando John Wayne perseguia o fascínora, sua decisão era imediata. Não havia reflexão sobre qualquer outra coisa além de sua percepção de uma necessidade premente. Ele dirigia todo o seu ser para esse objetivo. O tempo parava: o auge da sensação. Em contraste, quando Luke Skywalker partiu para se tornar um guerreiro Jedi, para aprender a ouvir a Força, seu foco era o quadro mais amplo, algo muito intuitivo.

É importante notar que a tipologia psicológica não constitui uma ciência exata e que suas classificações nada têm de compartimentos estanques destinados a determinar definitivamente um tipo específico. Tais classificações devem ser usadas mais como pontos de referência num mapa de agrimensor; os picos e vales se destacam, mas há uma imensa série de pontos não mapeados. Elaboraram-se alguns testes para descobrir o tipo psicológico das pessoas. O Myers-Briggs Type Indicator [Indicador de Tipo Myers-Briggs] foi criado pelos profissionais leigos Isabel Briggs Myers e Peter Myers nos anos 1970, tendo alcançado ampla aceitação popular. Um dos testes tipológicos pioneiros, muito usado ainda hoje, é o Gray-Wheelwright Test. Três colegas de Jung desenvolveram esse teste: Horace Gray e Joseph e Jane Wheelwright. Incluí uma cópia dele no capítulo 14. Como mencionei, todos esses testes devem ser vistos como meras indicações dos pontos fortes e fracos das pessoas.

As quatro funções de Jung descendem diretamente das impressões dos filósofos gregos, embora Jung, como Freud, separasse a mente consciente do inconsciente. Porém, ao contrário de Freud, Jung separa o sentimento da sensação e retoma a noção de intuição. Prolongando o pensamento grego, Jung vê a intuição como a função que percebe dados na mente inconsciente e envia sua resposta íntegra e completa. É a lampadinha que acende, capaz de deixar atônito quem não está familiarizado com sua força.

"Estou convencido", diz o psicólogo Rollo May em *The Courage to Create*, "de que isso (a iluminação) é o concomitante comum da irrupção da experiência inconsciente na consciência. Eis mais uma vez parte da razão pela qual a experiência tanto nos assusta: o mundo, tanto interior como exteriormente, assume uma intensidade que pode ser avassaladora." A unidade da experiência inconsciente com a consciência é uma fusão dinâmica e imediata. Tal como descrita pelo dr. May, é um momento em que o mundo se torna vívido e inesquecível.

Mas o dr. Joseph Wheelwright, co-autor do Gray-Wheelwright Jungian Type Survey, se apressa em acautelar que a intuição também apresenta uma faceta negativa. A pessoa intuitiva é com freqüência aquela que "tropeça no tapete da sala, pois não sabe para onde diabos está indo", diz Wheelwright, ele mesmo um tipo intuitivo. "Bem, ele pode saber para onde está indo", continua ele, "mas isso pode não ter nenhuma relação com seus pés. O tipo sensitivo nunca se esquece dos pés."

O doutor Murray Gell-Mann, físico ganhador do Nobel que propôs e deu nome à teoria dos quarks (como partículas fundamentais da matéria) e um dos poucos cientistas dispostos a aceitar aquilo a que se dá o nome de "irracional", afirmou: "Há muitos processos mentais fora da consciência que diferem dos processos mentais racionais. Creio ser essa a parte mais importante da psicologia humana. Mas não é porque nos interessamos por processos mentais inconscientes ou pelo irracional que temos de aceitar as palavras de qualquer fulano, beltrano, Sigmund ou Carl acerca do seu modo de funcionamento. Se bem que apresentem uma série de verdades, Freud e Jung abordavam as coisas de maneira muito pouco científica. Nossa compreensão do aspecto irracional do comportamento humano avançaria sobremaneira se os processos inconscientes fossem objeto de um estudo científico." Seu pensamento nos leva diretamente ao surgimento do estudo físico do cérebro humano.

Atualmente, nosso entendimento do cérebro está anos-luz à frente do conhecimento que tínhamos durante a primeira metade do século. Nos anos 1960, os doutores Roger Sperry e Michael Gazzaniga fizeram experimentos com operações de seccionamento do cérebro para tratar a epilepsia. Eles descobriram que esse órgão na realidade se compõe de dois cérebros, o direito e o esquerdo. Este último em geral controla a maioria dos aspectos conscientes, incluindo a lógica e a essencial área de Broca, que controla a verbalização e a linguagem. Essa área recebeu o nome do cientista francês Paul Broca, que foi o primeiro a identificá-la. O cérebro direito, por sua vez, normalmente controla as áreas que são literalmente difíceis de pôr em palavras, sendo uma delas a intuição. Para comunicar seus processos, o cérebro direito tem de transferir seus impulsos para o esquerdo. Ele o faz por meio de imagens e, por vezes, até de sonhos.

O desenvolvimento da psicologia e as recentes descobertas sobre o funcionamento do cérebro dizem muito a respeito de como as pessoas conhecem e de como tomam decisões. Ao longo do século XIX, predominaram os pontos de vista filosóficos dos racionalistas, empiristas e pragmatistas, que viam o mundo como determinado. A principal imagem com que se representava esse universo mecanicista era a máquina — as partes fazem o todo. Os românticos causaram impacto ao abraçar as funções "irracionais" do mundo, influenciando em larga medida a psicologia. Mas somente quando da abominável destruição que caracterizou a modernidade as funções "irracionais" conseguiram fincar firmes raízes no mundo moderno.

Onde antes o pensamento e a razão faziam perfeito sentido num certo mundo, a nova incerteza da existência fez ruir esse modelo. Essa admissão da incerteza voltou a fazer da intuição parte integrante do processo, como sugerira Jung. No dizer de Kant, a intuição é um modo de conhecer quando as coisas são incertas.

Houve outros fatores que afastaram o pensamento da certeza e o impeliram na direção do intuitivo. Um aspecto do princípio da incerteza de Heisenberg afiança que o ato da medição afeta o objeto medido, tornando virtualmente impossível saber tudo acerca de um objeto qualquer. Quando se aplica esse princípio à natureza de nosso universo quântico, a incerteza vem a ser uma força motriz. O impacto dessas idéias mal começou a modificar a atual visão de mundo, levando-a de sua perspectiva separatista e mecanicista antiga para um ponto de vista que se baseia muito mais no relacionamento entre as coisas.

Outro fator que nos tem afastado dos conceitos de certeza altamente racionais é o computador, que foi, na origem, o produto mais acabado da razão. Com o advento do computador ocorreu um rápido aumento do volume de informações disponível e, inversamente, um declínio da quantidade de tempo disponível para as pessoas analisarem essas informações. O outro fator que tem vínculos diretos com a falta de tempo, constituindo na realidade a sua causa, foi a dramática mudança no mercado competitivo mundial.

Onde as corporações dispunham antes de um ciclo econômico de sete anos no âmbito do qual planejar suas estratégias, a mudança se tornou a regra. Não apenas houve alterações que beiraram o desastroso na economia norte-americana, como também a emergência de um mercado global alimentou as pressões para que se produza mais rápido e com melhor qualidade. Essa incerteza tornou obsoletos velhos métodos que envolvem uma laboriosa e demorada análise antes da feitura de grandes investimentos de capital. Alguma coisa tinha de mudar.

O que aconteceu foi o surgimento de uma crescente tendência de se tomar decisões de modo intuitivo. Certo número de estudos que começaram a surgir no final da década de 1970 e na de 1980 refletiram essa tendência — em todas as áreas competitivas da vida. Eles também demonstraram que, num mundo pleno de resultados incertos, quem usa melhor a função intuitiva é na maioria das vezes o mais bem-sucedido.

No começo dos anos 1960, Douglas Dean e John Mihalasky iniciaram um estudo de dez anos chamado PSI Communications Project, na Escola Newark de Engenharia. Psi é a vigésima terceira letra do alfabeto grego e a primeira sílaba de palavras como psicologia, psiquiatria, etc.

Para Dean e Mihalasky, psi era uma tentativa de examinar cientificamente os domínios do que se convencionou chamar PES [Percepção Extra-Sensorial]. Como não tivessem certeza se o fenômeno era sensorial ou da ordem da percepção, eles se ativeram ao rótulo psi.

Num dos experimentos feitos, Dean e Mihalasky submeteram a testes de capacidades psi sessenta e sete presidentes de empresas. Depois do teste, eles pediram aos presidentes que lhes fornecessem determinadas informações financeiras acerca de suas empresas. Dentre os que responderam, 60 por cento tinham duplicado seus lucros reais nos últimos cinco anos. Verificados os escores desses presidentes, todos estavam acima da média no teste de capacidades psi. Os 40 por cento que não tinham duplicado seus lucros estavam todos abaixo da média.

Como não tivessem ficado satisfeitos, Dean e Mihalasky fizeram testes com outro grupo de presidentes de empresas. Os resultados foram os mesmos. Os presidentes com empresas que tinham duplicado os lucros nos últimos cinco anos tinham escores acima da média. Dentre os testados que não tinham alcançado esse desempenho, 60 por cento tinham escores abaixo da média, ao passo que os outros 40 por cento dirigiam empresas que tinham melhorado os lucros entre 51 e 100 por cento.

Os resultados obtidos por Dean e Mihalasky não provam necessariamente que a geração de lucros e a capacidade intuitiva estejam relacionadas; mas, a seu ver, "eles (os resultados) indicam que a probabilidade de se ter um bom gerador de lucros é aumentada quando se escolhe alguém cujo escore seja bom".

Um estudo mais recente, voltado de modo específico para a gerência intuitiva, testou mais de 2.500 gerentes em vários níveis hierárquicos dos setores público e privado. O estudo foi projetado por Weston Agor, diretor do Programa de Mestrado em Administração Pública da Universidade do Texas, em El Paso. Agor usou uma combinação do teste Myers-Briggs Type Indicator com partes de um teste chamado Mobius Psi-Q.

O teste compunha-se de duas partes. Em primeiro lugar, media o estilo de administração da pessoa, verificando se o gerente era orientado primordialmente pelo cérebro esquerdo ou direito ou se era integrado. Essa parte tinha como base o teste Mobius Psi-Q. A segunda parte tratava da "capacidade interior [do indivíduo] de usar a intuição para tomar decisões administrativas", sendo fundamentada no teste Myers-Briggs.

As descobertas de Weston foram dramáticas. Elas mostraram, de acordo com sua análise dos dados, que "a intuição parece ser uma habilidade tanto mais prevalecente quanto mais subimos pela hierarquia empresarial". Ele descobriu que os gerentes de alto nível, em todos os grupos, tinham escores significativamente melhores do que os de nível médio e baixo em sua capacidade potencial de usar a intuição para tomar decisões. Seu estudo também demonstrou que esses executivos de alto nível integravam bem suas capacidades intuitivas com suas outras funções, mas que, quando estavam prontos para agir, pareciam confiar mais na intuição como guia.

O que o fator integração diz acerca da tipologia é que, quando todas as funções são bem utilizadas, o desempenho é aperfeiçoado. Um carro de quatro cilindros que só usa três não está funcionando bem. O estudo de Agor assinalou que a intuição, considerada desde Descartes irracional e a-científica (especialmente num mundo bem razoável e previsível), voltou a ocupar um lugar proeminente no processo de decisão.

Estudos como os de Agor, Dean e Mihalasky, David Lowe (do Institute for Future Forecasting [Instituto de Previsão do Futuro]), Arthur Reber (do Brooklyn College) e Daniel Isenberg (da *Harvard Business Review*) confirmam, todos eles, essa mudança.

Tal como o de Agor, o trabalho de Isenberg descobriu que o funcionamento normal dos negócios não é bem como se pensava. Ele passou dois anos estudando os processos de pensamento usados por dezenas de gerentes sênior. Esses homens tinham idades entre quarenta e poucos e cinqüenta e tantos anos. Todos tinham entre dez e trinta anos de experiência administrativa. As empresas em que trabalhavam se dedicavam a uma variedade de campos, da alta tecnologia a áreas bem tradicionais, e todos eles eram responsáveis pelo desempenho geral de suas empresas. Isenberg concluiu que "os gerentes de alto escalão raramente pensam de maneiras que possam ser vistas simplisticamente como 'racionais'". Em vez disso, sempre que havia altos riscos em jogo, situações desconhecidas ou problemas extremamente complexos, a intuição era o instrumento mais usado para se chegar a uma solução.

O objetivo declarado de Isenberg era levar aos administradores algo que aliviasse o ônus da discrepância entre o modo como se "esperava" que pensassem e a maneira como de fato processavam informações. Ele descobriu que a maioria dos administradores favoreciam antes as abordagens intuitivas do que as mais analíticas, embora grande parte deles acreditasse que não era assim que as coisas normalmente se passavam.

Poucos filósofos, psicólogos ou cientistas questionariam o fato de a humanidade ter entrado numa era cada vez mais incerta. Apesar dessa incerteza, o domínio um dia forte das perspectivas cartesiana, empirista, racionalista e pragmática ainda pode ser visto em nossos dias. Vemo-lo nos que ainda relutam em confiar em processos e funções interiores como a intuição. Pode ser que essa negação seja na verdade seu último ato de apego ao que foi um dia um mundo previsível.

Mesmo assim, uma mudança no modo pelo qual os tomadores de decisões processam informações está definitivamente em andamento. Ao reunir todos esses elementos — o filosófico, o psicológico, o fisiológico e, agora, o econômico —, um novo e potente padrão de ação parece estar emergindo claramente. A função intuitiva da mente desempenha um papel vital no processo de como o ser humano conhece e, portanto, de como ele decide agir no mundo. Mas também foi demonstrado que não é a intuição pura e simples que faz o trabalho. É numa combinação de experiência, conhecimento, análise judiciosa, valor, bem como na capacidade de ver o quadro global, que a intuição se baseia e de que ela parte. A integração desses processos interiores constitui os alicerces sobre os quais quem tem de tomar decisões pode erigir seu sucesso. A intuição no vácuo produz mais vácuo; ou, como diz adiante o diretor executivo da ACLU, Ira Glasser: "De onde só entra lixo, só sai lixo."

Os tomadores de decisões norte-americanos finalmente começam a admitir a incerteza no mundo. Eles descobriram que a lógica pura não tem capacidade de enfrentar a quantidade de incerteza com que deparam. Sem abandonar a lógica e a razão, eles retornaram à única qualidade capaz de dominar a incerteza: a intuição. A intuição, para dizê-lo de modo simples, supriu uma necessidade premente. Ela se tornou um instrumento com o qual atender à atual exigência de desempenho sob determinadas condições. O que os tomadores de decisões bem-sucedidos dizem é que não saem de casa sem ela.

1

JOHN SCULLEY
ESTRUTURANDO UMA APPLE MELHOR

Perguntamos ao capitão que curso de ação ele propunha que se-
guíssemos com relação a uma besta tão imensa, terrificante e
imprevisível. Ele hesitou para dar uma resposta e então disse,
judiciosamente: "Creio que vou elogiá-la."

Robert Hass,
Praise

Quando Steven Jobs, da Apple Computer, fez John Sculley deixar a PepsiCo, afirma-se que ele lhe perguntou: "Você quer passar o resto da vida vendendo água açucarada a garotos ou quer mudar o mundo?" Pode-se afirmar sem receio que Jobs não fazia idéia do caráter radical da mudança que Sculley produziria na vida dele mesmo, Jobs, para não falar na da Apple. Digamos somente que Sculley aceitou o desafio da Apple. Ele dirigiu as operações e a produção da empresa por pouco mais de dois anos antes de formular a idéia da saída do próprio Jobs. Então, com uma linha definida e um estilo gerencial firme, promoveu a volta espetacular da Apple à vanguarda da venda de computadores.

O vigoroso assalto de Sculley ao mundo dos computadores começou com a sua primeira decisão. Aos quarenta e quatro anos, ele já era presidente da Pepsi e a vinha dirigindo com boa lucratividade há cinco anos. Quando lhe foi oferecido o posto na Apple, Sculley, seguindo sua própria filosofia, de acordo com a qual as pessoas nesta época tecnológica vão mudar de emprego, três ou quatro vezes em sua vida de trabalho, deu o salto. No começo, ficou fora das vistas públicas, mas isso iria mudar menos de um ano depois de assumir o timão da Apple. O trabalho de base fora feito, na realidade, poucos meses antes do Super Bowl de 1984.

O conselho se reuniu na sala de projeção. Ali estavam também os publicitários, o diretor de *marketing* da Apple, Sculley e Jobs. As luzes foram apagadas e o projetor foi ligado. Sombrias e estranhas imagens que lembravam *1984* de Orwell apareceram na tela. Fileiras de pessoas de cabeça raspada se sentavam como zumbis diante de uma tela semelhante a um altar. O diálogo e a música seguiam esse tom geral. De súbito, aparecia uma figura feminina trazendo um enorme martelo, perseguida de perto por soldados ameaçadores calçando pesadas botas. Girando o martelo por sobre a cabeça, ela o fazia voar e ele despedaçava a imensa tela que exibia a imagem do Grande Irmão. Em lugar dele aparecia a imagem do mais novo computador da Apple, o Macintosh.

O projetor foi desligado. Sculley e Jobs puderam sentir que era aquilo que queriam. Eles olharam ao redor o rosto dos membros do conselho. Como Sculley mais tarde recordaria: "Eles simplesmente soltaram exclamações de pânico. Não podiam acreditar que pretendíamos exibir aquilo, mas não nos contestaram. Apenas disseram: 'É a decisão de vocês, mas nós achamos horrível.' Sentei-me com Steve e Mike Murray, o diretor de *marketing*, e perguntei: 'Devemos ou não fazer isso?'"

Como é tomada uma decisão como essa? Havia gráficos a consultar, tabelas, alguma análise de *marketing*? Não. Segundo Sculley, eles basearam sua decisão na intuição.

A Apple exibiu esse comercial do Macintosh, produzido pela Chiat/Day, só uma vez. Ele foi transmitido no meio do Super Bowl, durante o jogo em que os Los Angeles Raiders destroçaram os Washington Redskins. O efeito da decisão de Sculley e Jobs se fez sentir imediatamente. Quando as câmeras voltaram ao jogo, os anunciantes no ar fizeram uma pausa. Eles nunca tinham visto algo parecido. "No final do jogo", disse Sculley com um sorrisinho, "eles disseram que a única coisa entusiasmante no Super Bowl daquele ano tinha sido o comercial da Apple." Embora os fãs dos Raiders possam discordar, o dia seguinte mostrou que essa avaliação era correta. Todos os noticiários do país, desde os que abrem a programação pela manhã, exibiram o comercial e continuaram a fazê-lo por mais ou menos uma semana e meia.

"Não sabemos o valor exato da divulgação gratuita que conseguimos", acrescenta Sculley, "mas provavelmente passou dos dez milhões de dólares, com mais algo em torno de quinze milhões de dólares em publicidade grátis para o projeto." Quase uma década depois, a tecnologia do Macintosh continua a ser o ponto forte da produção da Apple.

"Inclino-me a abordar a tomada de decisões com o lado direito do cérebro", disse Sculley em seu escritório do terceiro andar, cheio de computadores e com paredes de vidro. Uma vista das montanhas Santa Cruz emoldura o céu azul ao fundo. "É muito intuitivo. Assim como um marujo pode farejar o ar e sentir quando uma tempestade se aproxima, sempre fui bom em cheirar o ar e saber quando é a hora certa de corrigir o curso ou de fazer um grande investimento."

Um desses ventos benditos atravessou o caminho de Sculley pouco antes do lançamento do Macintosh, quando as vendas da Apple estavam em queda e a IBM acabara de revelar o PC Junior. "Resolvi que era o momento de fazer um pesado investimento", diz Sculley, "quando a maioria dos entendidos da indústria dizia que tudo estava acabado, que a IBM ganhara e que os melhores dias da Apple tinham ficado para trás. Fomos em frente e gastamos centenas de milhares de dólares em estoques, baixamos nossos preços num volume total de uns quarenta milhões de dólares e destinamos altas quantias para uma publicidade bem agressiva. O objetivo era simples. Não creio que alguém queira comprar um computador absolutamente novo de uma empresa vista como declinante. Como vimos, funcionou. O fiel da balança mudou dramaticamente. Em dezembro, dobramos a quantidade de Apple II já vendidos e lançamos o Macintosh aproveitando esse impulso."

"Talvez todos os fatos pudessem ser formulados em termos específicos, mas havia uma série de outras pessoas com acesso aos mesmos fatos e que os interpretavam de outra maneira. A abordagem racional ter-se-ia concentrado nos riscos que corríamos em apostar alto naquele mês ou no trimestre. Creio que a pessoa mais perceptiva diria: 'Espere um pouco; nada disso vai fazer nenhum sentido a não ser que você saia vitorioso.'"

A confiança de Sculley em si mesmo e no seu processo intuitivo, na sua capacidade de ver o quadro global e concentrar-se em questões de curto prazo são algumas das qualidades que elevam um tomador de decisões intuitivo acima das pessoas que ficam presas à abordagem analítica puramente operacional.

Isso não significa que se deva ignorar a análise. Ter os dados certos é vital no mercado de hoje. Sculley compara o assunto com a feitura de uma boa sopa. Você conhece seus ingredientes. Você prova a sopa, e sente o seu cheiro, mas a experiência lhe diz para deixar mais um pouco em fogo brando. E, como bom cozinheiro, você dá ouvidos à sua experiência, porque sabe quando ela tem razão.

Outro conhecidíssimo tomador de decisões, Lee Iacocca, concorda com Sculley. O perigo que Iacocca aponta é de se tentar tomar decisões com base em 100 por cento dos fatos. "Você nunca vai conseguir todos os fatos", diz ele. "Se você esperar, quando os tiver obtido seus fatos já estarão obsoletos, porque o mercado não ficou parado [...] Em algum momento você vai ter de dar um salto de fé [...] porque mesmo a decisão correta é errada se tomada tarde demais." As boas informações *não* são como o bom vinho; elas não envelhecem bem.

Se a ação imediata é o segredo, como um tomador de decisões como Sculley evita os problemas de ter de ficar constantemente na defensiva, de passar o tempo combatendo continuamente focos de incêndio? A resposta é planejamento.

Certa feita um sábio disse: "Os planos nada são; mas o planejamento é tudo!" Planejar tem uma extraordinária importância. Mas seguir estritamente esses planos não tem a mesma relevância. O planejamento serve para dar um contexto para as decisões de curto prazo, com uma perspectiva da meta de longo prazo, mas sem uma estrutura rígida que não permita a sua modificação ou seu ajuste.

As metas e o planejamento são o que Sculley considera sua "arquitetura". Ele diz: "Para mim, o mais importante é que a arquitetura tenha uma estrutura nítida. Qual o destino e qual a arquitetura do modo como vamos chegar até lá?

"Logo, ao planejar uma estratégia, temos de encará-la em termos de qual é a missão que temos enquanto empresa e, em seguida, do ponto de vista de como vamos consegui-lo num ambiente dinâmico e em permanente mutação, no qual não podemos prever quando os concorrentes vão fazer determinados movimentos nem as alterações das tendências de consumo. Isso é ainda mais verdadeiro nesta indústria, em que a história não é algo a partir do qual possamos projetar o futuro, mas apenas algo com que você pode aprender."

Regis McKenna, amigo de Sculley, um dos primeiros consultores do *marketing* de alta tecnologia do país e o homem a quem se credita a criação da imagem do Vale do Silício, concorda. "Decisão é processo. As pessoas têm sucesso no atual mundo de alta tecnologia porque mudam constantemente e estão sempre se adaptando ao ambiente. É um ininterrupto processo de mudança. Não podemos tomar decisões absolutas, porque não há absolutos. Há somente situações relativas."

Para Sculley, o processo de planejamento começa pelo estabelecimento de metas e pela criação do que ele vê como uma situação ideal, supondo que ele tivesse controle sobre o ambiente exterior. Ele visualiza o ponto que quer ver a empresa alcançar. Suas decisões estratégicas partem desse ponto.

"É como velejar", afirma ele. "Você tem de seguir certos princípios. O barco simplesmente não sai sozinho. Quando está de fato exposto aos elementos, entre as correntes, você posiciona as velas; você começa a sentir como elas vão reagindo ao vento. Com um negócio é a mesma coisa. Você desenvolve um sentido intuitivo sobre quando as coisas estão funcionando. Se o vento mudar, posso alterar a estratégia se for necessário, mas isso não significa que mudei o meu destino. Significa somente que mudei a maneira de atingi-lo."

Sculley só toma decisões depois de examinar as implicações da decisão de acordo com a missão planejada. Então, ele se assegura de que identificou corretamente o problema. Ele descobriu que as pessoas tendem a apressar as decisões tentando decidir entre opções que podem não levar em conta o verdadeiro problema.

Uma qualidade que tem ajudado Sculley em seus empreendimentos corporativos é a sua capacidade de alternar repetidas vezes entre o analítico e o intuitivo. Ele é capaz de absorver grande número de dados e ficar com esses fatos na cabeça. Ele permite que o cozimento em fogo brando vá ocorrendo, observando periodicamente como estão as coisas. Então, fala com mais pessoas e obtém novas perspectivas, adicionando à mistura aquilo que elas percebem.

"Sou capaz de passar horas analisando números e examinando profecias", diz Sculley. "Na verdade, boa parte das profecias [previsões] que a Pepsi usa para acompanhar sua fatia de mercado e seu desempenho de vendas por meio de uns vinte e dois canais de distribuição e um milhão de contas por semana foram as que criei nos anos setenta. Mas não gosto desse lado tanto quanto aprecio o lado criativo. A razão pela qual meu interesse pela arquitetura era maior do que pela pintura foi o fato de a arquitetura estar submetida a um certo conjunto de regras. Se você violar essas regras, o edifício vem abaixo. Gosto de ser criativo dentro das restrições de alguma estrutura. Falo em termos de arquitetura e de sistemas, tentando encontrar visões em função dos elementos construtivos de que disponho. A maioria das pessoas fala em termos do retorno dos ativos empregados, do tipo de fluxo de caixa gerado pelo retorno do investimento e do faturamento trimestral. Claro que tenho de responder por essas coisas, pois do contrário não estaria onde estou, mas a capacidade de pensar no nível da arquitetura proporciona uma estrutura para eu ter confiança na minha intuição."

Sculley acredita que todas as grandes decisões de *marketing* são tomadas por intuição. A experiência, os dados e uma variedade de perspectivas alimentam sua intuição, e seu sentido de direção a conduz.

Foi justamente esse sentido que dirigiu Sculley naquela distante manhã de maio, quando enfrentou um desafio de tomada do poder lançado pelo homem que o levara para a organização, o co-fundador e presidente do conselho, Steven Jobs. Expondo as maquinações de Jobs, Sculley assumiu firme controle da empresa. Instituiu de imediato um plano de reestruturação, consolidando as operações superdimensionadas da Apple em três áreas funcionais distintas. Este foi um dos mais cansativos e desgastantes períodos que qualquer executivo jamais enfrentou. Sculley combinou a engenharia, a manufatura e a distribuição de todos os produtos sob um único teto. Estabeleceu também uma divisão de desenvolvimento de produtos e uma unidade de *marketing* e vendas.

Sculley parece capaz de encontrar as respostas certas, se bem que não necessariamente mais fáceis. "Creio que existem janelas de oportunidade. Quando a janela está aberta, você passa diretamente por ela. Mas quando a janela está fechada, nem adianta tentar." Obviamente, um desses momentos ocorreu duas semanas depois da partida de Jobs. Na época, Sculley fechou três das seis fábricas da Apple e demitiu mil e duzentas pessoas.

Foi uma medida drástica, especialmente à luz da cultura da empresa, fortemente orientada para as pessoas. Mas Sculley sabia que, para garantir a sobrevivência da Apple como um todo, suas operações tinham de ser reduzidas. Esta não foi apenas uma decisão pragmática, mesmo tendo sido caracterizada por John Matlock, presidente da InfoCorp, firma de pesquisa de mercado do Vale do Silício, como a tentativa de Sculley de transformar a Apple "de religião em negócio". Na opinião de Matlock, "quando se tem concorrentes frios e calculistas como a IBM, não se pode derrotá-los com vudu".

O que Sculley usou não tinha nada a ver com vudu. Foi o que ele denominou de sua "perspectiva operacional", uma combinação de autoconfiança; percepção, por meio da experiência, dos próprios erros; e capacidade de ir e vir entre a meta mais ampla, a perspectiva global e os detalhes. É a esse sentido que Sculley concede o crédito de saber quando reduzir as perdas. E, no caso em questão, a Apple estava de fato reduzindo suas perdas. Foi um dia considerado por alguns o mais difícil de toda a história da Apple. Mas os registros indicam também ter sido o firme controle da situação por Sculley que fez a Apple por fim dar a volta por cima.

Mesmo os admiradores de Steven Jobs tiveram de admitir que as decisões de Sculley foram o melhor para a companhia. O co-fundador da Apple, Steven Wozniac, também gostou do que viu. Dois meses depois da renúncia de Jobs, Wozniac recomprou 5 milhões de dólares em ações da firma, com planos de comprar mais 15 milhões. O mercado também concordou com Sculley: as ações da Apple saíram de um ponto bem baixo, perto de 14 dólares por ação, para uma alta cotação de 70 dólares em 1992.

"Nesta indústria", diz Sculley, "que é nova, em que a tecnologia está mudando, a competição está mudando, mercados estão sendo criados enquanto outros ficam saturados, é simplesmente impossível usar a história para projetar o futuro. Você só pode usar a história para aprender com ela. Logo, todo o processo de decisão tende a ser bem mais dinâmico do que o é num negócio tradicional. Você não pode voltar a caminhos conhecidos e comprovados. Tem de ficar continuamente testando e retestando a validade do seu pensamento e da sua estratégia à medida que avança."

O futuro da Apple estava num equilíbrio precário. Sculley estava vendo a direção que a indústria de computadores iria seguir nos próximos anos. Conhecia seus competidores. Também sabia que o mundo dos computadores ainda estava nascendo e que nem a IBM tinha todas as respostas. "Num negócio que mal começa a tomar forma", disse ele, "creio que o estilo intuitivo de administração é bem mais importante, visto que as variáveis têm um alto grau de incerteza."

Tomar uma decisão que afeta não apenas a vida de mil e duzentas pessoas mas também toda a cultura de um negócio é um movimento audacioso. Sculley tinha suas análises de desempenho, os números de que dispunha eram levados em conta, mas uma decisão desse gênero tinha de integrar alguma coisa a mais. Sculley tinha de ter condições de transitar com facilidade entre suas duas esferas, a mais abstrata e a mais pragmática. Ele tinha de procurar saber o que a Apple estava tentando construir e como iriam chegar ao ponto que desejavam. A indústria de computadores, contudo, tinha seus próprios problemas especiais. Sculley não podia recorrer aos mesmos tipos de dados que as indústrias tradicionais costumam usar. Tinha de ter fé e confiança em outra espécie de processamento de dados.

Um dos perigos que ele foi capaz de evitar com sucesso com suas decisões foi aquilo que o escritor Arthur C. Clarke denomina "falta de audácia" ou "falha de imaginação". Essa falta de audácia ocorre quando, nas palavras de Clarke, "diante de todos os fatos pertinentes, o pretenso profeta não pode ver que eles apontam para uma conclusão inescapável". A frase-chave desse tipo de fracasso é "eles disseram que não era possível fazer isso". Um editorial de 1865 do *Boston Globe* exemplifica o problema. Ele foi publicado depois da prisão de um certo Joshua Coopersmith por tentar levantar fundos para criar um artefato chamado telefone. "As pessoas bem informadas sabem que é impossível transmitir a voz por meio de fios e que, mesmo que tal coisa fosse possível, não teria nenhuma utilidade prática." Sculley jamais mostraria falta de audácia.

● ● ●

No começo de 1990, Sculley e a Apple Computers deram dois corajosos passos. Em primeiro lugar, Sculley transferiu a responsabilidade cotidiana pelos atuais produtos da empresa ao gerente operacional, Michael Spindler. Ele o fez a fim de poder concentrar-se na condução da Apple a novas áreas. Como ele declarou num artigo do *Wall Street Journal*: "Temos uma nova agenda. A visão é a mesma — conferir poder às pessoas. Mas estamos expandindo essa visão a uma série de outros mercados emergentes."

Pouco depois disso, a Apple começou a vender os modelos de preço baixo Macintosh Classic e LC. Um ano mais tarde, Sculley deu prosseguimento àquele grande ajuste de mercado com o lançamento dos *notebooks* PowerBook. Ambas as decisões tiveram enorme sucesso. Ao baixar os preços, Sculley conseguiu aumentar a fatia de mercado dos computadores pessoais da Apple em 8 por cento num único ano.

Então, em julho de 1991, Sculley chocou o mundo dos computadores ao fazer um acordo com a arqui-rival IBM na formação de uma parceria chamada Taligent. Ele se deu conta de que, para entrar no mercado corporativo e estabelecer-se fora do mundo dos computadores pessoais, a Apple tinha de fazer algumas grandes alianças. Sculley foi procurar a IBM e deu o salto intuitivo. "Decidimos mostrar à IBM o que tínhamos de melhor." Tratava-se de uma nova geração de programas de computador na qual a Apple tinha investido uma grande soma e que recebera de Sculley o codinome "Pink". O confiável processo intuitivo de Sculley revelou estar certo. A IBM gostou do "Pink" e a parceria foi formada.

Sculley sabia que essa aliança era um negócio arriscado, mas sentiu que a oportunidade era essencial para o crescimento da Apple. Se fosse mantida a postura independente, as fatias de mercado começariam um dia a encolher. Como o explicou um excelente general de campo de Sculley: "Você tem de dar um salto de fé confiando que vai terminar por ter acesso a um mercado maior." Para Sculley e para a Apple, esse foi o salto certo.

"Quando se criam produtos de alta tecnologia", disse ele, "as pessoas não sabem que produto devem fabricar, pois falta-lhes um ponto de referência. Tudo se resume a encontrar um grupo de pessoas que partilhem dos mesmos valores, que tenham paixão por um grande produto, de modo que você possa confiar tanto no instinto delas como no seu. É preciso ir além do sentido monetário. Tem-se de agir em termos de: como vamos criar algo que ainda não foi feito? Em muitos casos, não criamos apenas produtos; criamos mercados. Por isso, eu diria que as palavras 'fé e confiança' são bem mais importantes neste tipo de negócio do que no ambiente de onde vim na Pepsi."

A visão de Sculley no tocante à criação de novos mercados tornou-se realidade nos primeiros meses de 1992, quando ele anunciou atrevidos planos de diversificação da Apple. Sculley mais uma vez dera nova forma e nova definição à arquitetura da companhia. Ela deixaria de ser apenas fabricante de computadores pessoais para tornar-se uma corporação eletrônica global, com múltiplos negócios e parceiros. Seu plano era manufaturar e vender produtos eletrônicos de consumo, aparelhos de telecomunicações e computadores. Se Sculley conseguisse isso, acreditava um consultor japonês que poderia muito bem haver uma maçãzinha em cada produto eletrônico de consumo feito no mundo.

Sculley deu início a essa nova visão com o lançamento dos Personal Digital Assistants [PDAs — Assistentes Digitais Pessoais]. Eram aparelhos caracterizados como computadores bem portáteis e de fácil operação, dotados de capacidades avançadas de comunicação e poder de exibir e manipular textos, sons e imagens.

O protótipo da Apple para esses PDAs recebeu o codinome Newton. Trata-se de um computador baseado numa caneta que reconhece a caligrafia e pode memorizar informações gerais, inclusive um calendário, bem como discar números de telefone e enviar faxes, tudo num formato menor do que uma prancheta de mão.

Ao mesmo tempo que essas novas idéias iam sendo introduzidas num mercado atônito, Sculley continuava a fazer alianças com empresas como a Sony, a IBM e a Sharp, de modo que o trabalho de fabricar esses produtos pudesse ser passado a outras companhias, com a Apple recebendo os direitos. São excelentes as perspectivas da virada do milênio para os computadores, os produtos de telecomunicação, os produtos eletrônicos de consumo, a mídia eletrônica e os interesses editoriais da Apple. Sculley tem qualificado esse plano incrivelmente ambicioso como um salto da "caixa de areia para a praia".

As ambições empresariais são cobertas de êxito quando o mercado está pronto e o pessoal da empresa pode corresponder à necessidade. Se estar disposto a ter fé e confiança de que as pessoas ao seu redor se mostrarão à altura das expectativas que você nelas deposita — e ser capaz de fazê-lo na prática — forem qualidades de liderança, Sculley definitivamente tem sido o líder da Apple. Como ele diz, e suas ações deixam claro: "A liderança começa com a posse de uma clara visão do destino para o qual estamos rumando. Você também precisa ter a capacidade de articular essa visão de modo que as pessoas compreendam a estrutura da direção que se está seguindo. A liderança não é individual; ela se traduz em ter as coisas feitas por meio do trabalho de equipe. Pessoalmente, sempre me interessei mais pela liderança do que pela administração."

Na opinião de Sculley, o segredo está em desenvolver esse sentido de direção, o contexto para tomar decisões. "Passo muito tempo me assegurando de que defino corretamente o problema e de que tenho os elementos necessários para alcançar a perspectiva certa. Alan Kay [teórico da computação e projetista de sistemas]", continua Sculley, "fez um comentário muito perspicaz. Ele sustenta que 'O ponto de vista vale 80 pontos de QI'. Quando se tem a perspectiva certa, pode-se ser bem mais esperto." Sculley despende um bom tempo considerando seu ponto de vista e garantindo a si mesmo que definiu o problema da forma certa.

"Muitas pessoas usam a energia na decisão propriamente dita. Elas não se empenham em imaginar se o problema está correto, se o seu destino está correto, se o seu ponto de vista está correto. Em vez disso, elas se preocupam em saber se sua decisão está certa sem disporem de um quadro de referência. Creio que a intuição exige que apreendamos de maneira coerente esse quadro de referência."

Um grupo de pessoas que esperam para levar Sculley a uma apresentação estava reunido do lado de fora do escritório de vidro, olhando ansiosamente seus relógios. Sculley sorriu e levantou um dedo. "Creio que as pessoas que administram intuitivamente", prosseguiu, concentrando-se mais uma vez, "consideram esse processo bem tranqüilo. Tenho trabalhado em indústrias cheias de tensão e nem por isso sinto muita pressão. Creio que isso se deve, em grande parte, ao fato de eu não passar as noites em claro me preocupando com as decisões. Se me preocupo com alguma coisa, preocupo-me em saber se imaginamos ou não de modo correto o ponto em que o mundo vai estar dentro de três ou quatro anos, e não com a decisão que estou tomando agora."

Sob a liderança de Sculley, a evolução da Apple Computer continuou de modo lucrativo. Ele conseguiu manter ao mesmo tempo a cultura e o negócio da empresa, e o fez confiando em seu processo interior nos momentos de maior pressão. Suas decisões são confiantes e diretas. Ele reúne os fatos, põe-nos na perspectiva correta e permite que os processos sigam seu curso. Agindo assim, Sculley elevou a Apple Computer à condição de concorrente à altura do mercado mundial para o ano 2000 e depois dele. Depois de fazê-lo, Sculley renunciou em junho de 1993 ao cargo de Diretor-Executivo da Apple. Ele sentiu que era hora de seguir um novo rumo, de passar mais tempo com a família e de pensar no futuro.

2

ROBERTA WILLIAMS
CONTOS DE FADAS PODEM TORNAR-SE REALIDADE

Há algumas coisas que é preciso crer para ver.

Ralph Hodgson

Tendo naufragado na praia de um misterioso arquipélago, você inicia sua odisséia por estranhas e prodigiosas terras, deparando com criaturas pavorosas e terrificantes como os Cinco Gnomos dos Sentidos e os Seres Alados. Por fim, você tem de enfrentar e derrotar o Senhor da Morte. Se essa não for a sua idéia de diversão, talvez você prefira morrer de trinta e nove maneiras diferentes no meio de desertos escaldantes, íngremes encostas ou em florestas escuras e assombradas enquanto tenta ajudar o Rei Graham a resgatar sua família do feiticeiro malvado, Mordack. A aventura é o seu jogo? A fantasia é o seu campo? Você fica encantado com bruxas, feiticeiros e fadas de força extraterrena? Roberta Williams ficou e fica, e a partir da força e do poder de sua visão, ela e o marido, Ken, construíram uma empresa de 57 milhões de dólares, que começou na mesa da cozinha.

Isso não é um conto de fadas. Ao criar a Sierra On-Line, Roberta Williams criou uma indústria — a do jogo de aventura animado em 3-D para computadores. Aos trinta e sete anos, Williams concebeu, projetou e vendeu mais jogos domésticos de computador do que qualquer outra pessoa na história desse campo. Suas realizações nessa área são, tal como seus jogos, lendárias.

Quando seu marido, ansioso por criar um compilador FORTRAN para os computadores Apple, comprou um Apple II para sua casa em Simi Valley, Califórnia, Roberta, então com vinte e sete anos, não ficou muito contente. "Aquela maquininha representava vários pagamentos da hipoteca da casa que desejávamos ter um dia" — recorda-se ela. Suas preocupações, no entanto, logo iriam amainar. Ken, prevendo a reação da mulher, também levou para casa um dos primeiros jogos-texto de aventura.

Quando terminou o jogo, Roberta estava muitíssimo decepcionada, de modo que inventou ela mesma um jogo. Em seguida, mostrou ao marido o conjunto de enigmas e mapas que inventara na mesa da cozinha e lhe disse que começasse a codificar o jogo. Entediada pela falta de imagens no jogo-texto, ela o desafiou a descobrir um meio de incluí-las. Quando ele o fez, os Williams tinham criado Mistery House, o primeiro jogo gráfico de aventuras.

Dez meses e quinze mil cópias depois, a On-Line Systems, que logo se tornaria Sierra On-Line, saiu da cozinha dos Williams para escritórios em Coarsegold, Califórnia, no sopé da Sierra Nevada. Hoje, eles empregam mais de 550 pessoas em três lugares diferentes e se tornaram a principal empresa mundial de programas de entretenimento para computadores. Seu sucesso se deve em larga medida à imaginação extremamente fértil de Roberta Williams.

Roberta sempre se sentiu diferente das outras pessoas. "Como se estivesse de algum modo afastada, algo que nunca entendi por quê", diz ela, ao refletir sobre suas próprias motivações. "Meus devaneios tinham, de modo geral, uma escala grandiosa. Eu estava sempre entre riquezas ou salvando pessoas de perigos." O que, naturalmente, ajuda muito uma mulher que um dia viria a traduzir essas visões em jogos computadorizados de aventura fabulosamente bem-sucedidos.

A aventura, no entanto, tem acontecido em outros campos de batalha que não somente a tela dos computadores. A Sierra On-Line tem tido de lutar pelo seu sucesso a cada passo. Outra batalha tem sido travada para que Roberta Williams assuma sua voz no negócio. Mas, tal como ocorre nos seus jogos, ela descobriu uma maneira de sair vitoriosa — por meio de uma combinação de intuição e bom senso. Ela segue esse curso sempre que deve tomar uma decisão empresarial, e são muitas as que pontuaram a ascensão, a queda e a ressurreição da Sierra. A moral da história é que, para ser ouvida, a princesa tem de falar.

Dois anos depois de os Williams iniciarem sua meteórica ascensão, decidiu-se que, para levar a Sierra On-Line para o próximo nível, um território novo e desconhecido teria de ser explorado. O marido de Roberta sentiu que, para manter a dianteira na competição e continuar a vender produtos, era essencial atrair investimentos.

Em 1981, investidores ofereceram aos Williams 1 milhão de dólares por uma pequena participação. Ken julgou ser justamente isso o que precisavam para aperfeiçoar sua visão coletiva. Roberta desde o começo teve outra sensação, especialmente no tocante à mulher que representava os investidores, mas não conseguiu formular essa sensação. "Fui almoçar com ela", relembra Roberta, "e ela parecia muito profissional, assumindo um tom bem formal, e me recordo de ter ficado muito incomodada com ela e com a situação."

Williams tinha apenas vinte e oito anos e muito pouca experiência do mundo quando se viu às voltas com os prós e contras de uma decisão em larga escala envolvendo negócios e dinheiro. Tudo o que sabia era que não se sentia bem diante daquilo. Ken, aos vinte e sete anos e ainda um principiante no mundo dos negócios, mostrava-se propenso a aceitar a proposta. Eles foram de avião a Boston para uma reunião com os dirigentes da empresa proponente. Roberta se lembra de ter repetido sua advertência: "Não estou gostando disso. Vamos desistir." Mas eles foram em frente. Essa decisão provocaria um ciclo descendente que quase levou a Sierra ao fim.

Se tivessem seguido a intuição de Roberta, eles teriam evitado os problemas que viriam a seguir. É muito fácil não confiar no sentido intuitivo quando a autoconfiança de uma pessoa em certas áreas é baixa ou quando outras pressões sobrepujam impulsos indefinidos vindos do íntimo. As conseqüências, no entanto, podem ser devastadoras para uma organização quando seu líder vai contra o que sabe. Esse foi, por certo, o caso da Sierra.

Nem bem o dinheiro tinha chegado e os novos sócios da Sierra estabeleceram seu conselho diretivo — três membros da Sierra e três dos investidores.

Como Roberta temia, a Sierra logo gastou o dinheiro e ficou precisando de mais. Ela preferia ter feito cortes, apertado os cintos, para não pedir mais, mas foi voto vencido e mais dinheiro entrou, aumentando a participação dos investidores.

Ao mesmo tempo, o mercado de jogos em cartucho começou a surgir. Empresas como Activision e I-magine apareceram de uma hora para outra e foram crescendo com a mesma rapidez da Sierra. A Mattel, a Texas Instruments e a Calico também entraram no negócio. O conselho da Sierra, apoiado pelos investidores, também queria se unir a elas, mas Roberta estava preocupada, sentindo ser melhor continuar com o que tinha levado a empresa ao sucesso. Contudo, parte da razão de os Williams terem aceito a parceria foi o fato de os novos sócios serem supostamente grandes conhecedores do mercado.

Além da nova linha de produtos, os sócios queriam que eles contratassem alguns poderosos executivos. Queriam um diretor-executivo, um vice-presidente de *marketing,* um vice-presidente de vendas e um vice-presidente de desenvolvimento. Na superfície, isso parecia um ótimo conselho, mas Roberta tinha suas dúvidas.Como ainda não se sentisse à vontade para exprimir suas reservas, que se baseavam apenas na intuição, ela nada disse e eles foram em frente.

Roberta e Ken concordavam que, se fossem contratar essas pessoas, elas teriam de vir a bordo com a mesma visão que eles tinham. Era preciso que elas seguissem a sua linha. A empresa já contava com uns 120 empregados quando a mudança para os jogos em cartucho ocorreu. A Sierra começou a produzir cartuchos para todas as máquinas existentes no mercado. Enquanto isso, o negócio dos jogos para computador mal sobrevivia à falta de atenção. Os executivos contratados voltavam-se exclusivamente para os cartuchos.

A graça salvadora última da Sierra foi a IBM. A empresa procurou a Sierra com um contrato de criação de um jogo para o novo IBM PC Junior. Eles queriam que Roberta inventasse um jogo capaz de empregar todos os recursos da nova máquina e que empregasse animação. Ken fechou um negócio da China com a IBM, tendo conseguido que a Sierra ficasse com os direitos do jogo para todos os outros tipos de máquina. Roberta foi trabalhar com uma pequena equipe. Os executivos contratados não se interessaram por isso: os *videogames* eram a resposta.

Os Williams saíram de férias. Na volta, descobriram que o diretor-executivo recém-contratado reestruturara totalmente a empresa. Ele não prestava mais conta aos Williams. Roberta podia ver o fiasco chegando, mas não tinha condições de evitá-lo. O mercado tomou conta da situação por eles. O negócio de jogos em cartucho acabou. A Atari estava, literalmente, enviando caminhões de cartuchos para o deserto e enterrando-os na areia. O mercado fora invadido por dezenas de máquinas, centenas de jogos e uma quase ausência de controle de qualidade. As pessoas pararam de comprar as máquinas. O número de empregados da Sierra caiu de 120 para 39 empregados. Os três representantes dos investidores no conselho estavam prontos para vender a empresa. Segundo eles, os Williams eram um fracasso. Roberta não pensava assim: "Até a vinda deles, íamos bem. Era assim que eu encarava a situação, visto não ter concordado com nada do que tinha sido feito desde que eles entraram na nossa vida." Felizmente, eles ainda tinham o contrato com a IBM, que lhes garantia os direitos sobre aquilo que viria a ser chamado King's Quest.

Com o afundamento dos *videogames*, os novos executivos da Sierra abandonaram o barco. Para se recuperar, a Sierra precisava de mais dinheiro. Os novos sócios se recusaram a investir. Sempre que eles haviam tentado vender a empresa, os Williams os haviam impedido de fazê-lo. Veio então a revelação. Os investidores marcaram uma reunião com a Spinnaker Software. Era uma empresa dirigida por gente de *marketing*, que os próprios capitalistas haviam criado. A Sierra fora muitas vezes comparada com essa companhia, a que Roberta jamais dera muito valor. Os sócios queriam a presença da Spinnaker na próxima reunião do conselho, que seria realizada em San Francisco, para discutir uma fusão/incorporação.

"Sabíamos o que eles iam tentar fazer", disse Roberta, com a voz assumindo um tom ligeiramente malicioso. Sabíamos que entraríamos na sala de reuniões e os dois sujeitos da Spinnaker estariam lá. Eles pensavam que estávamos sem nenhum dinheiro e que não tínhamos escolha. A conversa versaria sobre integrar a nossa companhia à Spinnaker; nós seríamos postos para fora e eles não teriam de se preocupar conosco. Mas eu tinha um plano.

"Eu não iria mais contemporizar com eles. Não ia ser a garotinha calma. Não iríamos permitir aquilo. Lutaríamos pela nossa empresa. E a salvaríamos."

No vôo para San Francisco, Roberta fez um esboço do plano para o marido. Ela lhe disse que, como eles ainda eram donos da maior parcela da empresa, esta não poderia ser vendida sem eles. Seu erro fora ouvir aquelas pessoas em vez de se dar conta de que sempre tinham detido o controle. Ela admitia que eles estavam sem dinheiro, mas o King's Quest estava sendo bem recebido pela imprensa e começava a vender bem. Roberta sabia intuitivamente que o potencial do jogo era ainda maior — bem maior do que se esperara de início.

"Eu lhe disse para esquecer o negócio dos cartuchos e voltar ao que sabíamos, os jogos de aventura para computador, àquilo em que éramos bons. Hipotecaríamos a casa e financiaríamos a empresa, e mostraríamos a eles quem mandava."

De acordo com Roberta, o plano era o seguinte: "A reunião começava às 9 da manhã, mas nós não chegaríamos ali vestidos como criancinhas submissas; iríamos de *jeans*. Ken apareceria com 30 minutos de atraso, e eu irromperia na sala uma hora e meia mais tarde. Ken ouviria, faria uma idéia do jogo deles, e eu entraria em cena e provocaria uma revolução. Eu queria declarar àquela gente que não iríamos mais ouvi-las. Voltaríamos a ser quem éramos."

Quando Ken chegou, o pessoal da Spinnaker já estivera reunido com os capitalistas há meia hora, discutindo o que planejavam fazer. Ele se sentou e ouviu atenta e calmamente. Uma hora e meia depois, Roberta entrou na grande sala de reuniões com a mesa igualmente grande, circundada pelos vários homens que participavam da reunião. Ela olhou para o relógio e disse em voz alta: "Puxa vida, que tarde! Não acredito que tenha perdido a hora. Lamento muito. Mas onde está o café?" O pessoal reunido ficou olhando para ela de boca aberta. "Bem, do que vocês estavam falando?" — disse, representando seu papel e divertindo-se muito.

Eles começaram a lhe contar os detalhes do modo como iriam dirigir o negócio quando ela disse: "Vocês não vão fazer nada disso." E, apontando para os representantes da Spinnaker: "Ninguém em todo o nosso ramo leva esses sujeitos à sério a não ser vocês. E de forma alguma vamos fazer negócios com eles. Vocês podem discutir o que quiserem, mas eu tenho coisa melhor a fazer." Ken levantou-se com ela e os dois foram almoçar.

Os capitalistas recuaram imediatamente. Os Williams hipotecaram a casa, pagaram as despesas com o dinheiro, e o King's Quest começou a vender. "O que aprendemos?" — pergunta Roberta, sabendo a resposta. "Essencialmente, a confiar em nós mesmos. Que sabemos mais do que pensamos saber. Que não temos de ser tímidos, que podemos assumir o controle e fazer o que é preciso. Desde então, a empresa só tem crescido."

Tal como no caso de John Sculley, essa abordagem requer que o tomador de decisões evite a "falta de audácia" e a "falta de imaginação". Os Williams sobreviveram à sua: a falta de imaginação que os capitalistas revelaram com relação aos cartuchos e que eles tinham seguido como carneirinhos quase transformara em pó a montanha de sucesso cuidadosamente levantada pela Sierra On-Line. Se não tivesse fugido à falta de audácia quando finalmente enfrentou seus adversários, Roberta Williams provavelmente teria voltado para a mesa da cozinha.

Uma vez que se aprenda essa lição, não há como esquecê-la. Afirma-se que "a experiência não é o que acontece com uma pessoa, mas o que ela faz daquilo que lhe acontece". Roberta nunca mais voltou a ser a garota tímida incapaz de lutar por aquilo em que acredita. "Inclino-me a tomar decisões com rapidez, e acredito muito na minha intuição. Se algo não soar bem lá no íntimo, e se não o fizer quase de imediato, não creio que devamos ir em frente."

Eis uma excelente maneira de julgar decisões — se não parecer algo que você deveria ter feito há muitos anos, pode não ser a solução correta. Nesse ponto do processo, o importante é voltar ao básico. Para Williams, isso significa que as pessoas envolvidas "têm de se sentir bem, agir bem, falar bem e ter bom aspecto. Esta é uma combinação de fatores que têm de ser compatíveis entre si e me parecer lógicos".

Uma das dificuldades que as mulheres tomadoras de decisões enfrentam ao confiar em sua intuição reside no fato de que os homens com quem trabalham não fazem o mesmo. Outro problema pode ser a tradicional repressão masculina das capacidades de pensamento das mulheres, considerando o pensar domínio exclusivo dos homens. Trata-se de uma condição contra a qual as mulheres ainda estão lutando. Do ponto de vista psicológico, isso costuma ter relação com a visão atrasada dos homens no tocante às mulheres, considerando-as eternas garotinhas. A maturidade concreta de uma mulher não é levada em conta; a infantilização dela na mente do homem torna-o incapaz de vê-la realizar pensamentos complexos ou tomar decisões reais.

Têm restado às mulheres poucos recursos. Com o pensamento negado, elas se vêem obrigadas a ouvir outra fonte de conhecimento e de raciocínio. Essa fonte intuitiva, por causa do seu modo interior de processamento, há muito tem sido abrigada sob o manto místico de videntes, adivinhos, charlatães e muitos outros, menos da razão. A racionalidade dos homens ri dela. Essa atitude, por mais arcaica que possa parecer, ainda está muito presente em nossos dias. Ela paira como uma nuvem sombria tanto sobre homens como sobre mulheres a quem cabe tomar decisões.

O dr. Ashley Montagu, destacado antropólogo e sociobiólogo, acredita que há outro motivo para o fato de a mulher usar a intuição com mais facilidade. A seu ver, isso está vinculado com as diferenças físicas entre os sexos. "A incapacidade da mulher de resistir ao homem, fisicamente mais forte", disse ele em *The Natural Superiority of Women,* "a obriga desde cedo a desenvolver características que lhe permitam alcançar seus objetivos por outros meios [...] Desde os primeiros anos, as meninas têm necessidade de atentar para nuanças e pequenos detalhes cuja existência os homens raramente reconhecem. Esses detalhes e indícios dizem à menina o que ela quer saber, e ela em geral está com o seu plano de ação pronto antes de o homem começar a reagir."

Judith Hall, professora assistente de Psicologia da Johns Hopkins University em Baltimore, relata que as mulheres costumam ser mais sensíveis à comunicação não-verbal (cérebro direito), o que, evidentemente, inclui as emoções, e que "elas tendem a ser mais atentas a sinais visuais, como as expressões faciais, gestos corporais, tons de voz e a maneira como as pessoas olham umas para as outras".

Deve-se assinalar que o mero contato com essas nuanças da linguagem corporal e indícios visuais não é necessariamente toda a informação usada pela intuição. Trata-se de apenas um dos aspectos. A intuição funciona a partir de um quadro total das coisas que acontecem tanto interior como exteriormente. A atenção para com esses elementos físicos pode dar uma melhor compreensão das pessoas e alimentar o processo intuitivo de uma maneira que preencha as lacunas do quadro global.

Não obstante, nas mulheres essas qualidades promovem de fato um clima mais receptivo à intuição, sendo essa a principal razão pela qual as mulheres costumam ter um escore um pouco maior que os homens em testes de intuição. É também uma combinação de fatores: a propensão da mulher a se lembrar de indícios não-verbais, sua facilidade em estabelecer contato com suas emoções mais profundas e de aceitar esse processo (receptividade), e sua repressão cultural pelos homens no que diz respeito à expressão de pensamentos. Isso obrigou as mulheres a confiar mais em sua intuição (prática). Todos esses fatores contribuíram de algum modo para a vantagem que a mulher parece ter no referente a capacidades intuitivas.

Apesar dessas vantagens, a diferença entre homens e mulheres nos testes de intuição é relativamente pequena. A dra. Hall acredita que as descobertas mostram que a eliminação de papéis sexuais rígidos geraria escores iguais. E os homens estão seguindo cada vez mais sua própria voz intuitiva.

Os velhos hábitos por vezes custam muito a desaparecer. Quando a Sierra estava se recuperando do seu fiasco dos cartuchos e da sua fuga de executivos, Ken Williams se deu conta de que precisava de mais ajuda na administração da companhia. A empresa tinha agora 50 empregados e Williams contratou uma pessoa que não vai ser nomeada por razões legais específicas. Sua função seria dar assistência e apoio a Ken. Roberta se recorda de que seu primeiro contato com essa pessoa foi uma experiência eletrizante. "Apertei-lhe a mão e ele me olhou e disse 'Olá'. E eu disse a mim mesma: 'Não gosto dele. Não confio nele. Há algo estranho nele.'"

Ela falou de imediato com o marido, que, não tendo aprendido a lição, perguntou: "Como você pode saber alguma coisa apenas por ter-lhe apertado a mão?"

Com a recuperação da Sierra, o conselho voltou a se interessar pelo negócio. O novo empregado logo começou a fazer amizade com o conselho. Ele começou a assumir responsabilidades que eram de Ken e a não ouvir coisas que lhe eram pedidas. As sensações de Roberta não estavam erradas. Foram necessários dois anos, mas Ken e o conselho terminaram por ouvir o que ela dizia e demitiram o sujeito quando descobriram que a avaliação subjetiva dela estava absolutamente correta. O sujeito estava lenta e calculadamente atraindo o pessoal da Sierra, seus vendedores, os membros do conselho, bem como seu negócio, com a intenção de abrir sua própria empresa às custas da Sierra. Roberta tinha farejado isso desde o início.

Tal como Williams, o doutor Phillip Fine, do SPAIN Rehabilitation Hospital de Birmingham, Alabama, também não se enganou. Ele tinha a responsabilidade de contratar um cientista da área de reabilitação para o hospital. O SPAIN é um dos principais centros de tratamento de traumatismos da medula. Fine tivera a "oportunidade" de entrevistar uma jovem profissional cuja família era bem conhecida no campo da reabilitação. A jovem, que já fazia o doutorado, fora recomendada pela Associação dos Veteranos Paralisados. Ele a fez vir à cidade e eles se reuniram em seu escritório. "Intuitivamente", disse ele, "com base no conhecimento de todos que já contratei e demiti ao longo dos anos, uma luz vermelha começou a piscar. Alguma coisa estava errada. Eu me sentia extremamente incomodado."

"Fizemos o programa típico: jantar com alguns colegas e suas esposas", relembra ele. "Estávamos numa época particularmente difícil.

Precisávamos de ajuda, e essa pessoa tinha um nome muito bem conhecido. Todos concordavam. Convidamo-la para fazer uma apresentação ao nosso pessoal durante algo que chamamos de 'sessão especial'. A apresentação não foi boa, e eu percebi isso. Eu não me sentia bem com a situação. Mas todos me disseram para contratá-la. 'Contrate-a.' E eu a contratei. Foi um desastre. E não foi uma profecia que se auto-realizou. Foi uma falha minha. Foi horrível."

Em quatro meses, a mulher se indispusera com praticamente todas as pessoas do departamento do dr. Fine. Ela era amarga, cínica e agressiva. "Intelectualmente, era uma mulher brilhante", disse Fine. "Mas eu não segui o sentido intuitivo que me dizia não ser aquela pessoa apropriada para o grupo. Eu não segui o meu íntimo. Ela destruiu o meu departamento e o meu relacionamento com um colega que começara a sair com ela socialmente. Descobri que era uma mulher capaz de atacar verbalmente qualquer um, inclusive quem não estivesse presente." Isso incluía o próprio Fine.

Diante desses dados, o dr. Fine sabia o que tinha a fazer. "Citando Maquiavel: 'Deixe que todo o sangue corra pela rua de uma vez.' Foi o que fiz. Entrei na sua sala e falei: 'Você disse isso e fez aquilo.' Ela ficou boquiaberta e respondeu: 'Não foi o que eu quis dizer.' E eu falei: 'Não importa. Acabou. Vá embora.' E este nem sequer foi um risco calculado da minha parte. Ali estava uma mulher. Falávamos de iguais oportunidades de emprego; o assunto era muito sério. Mas eu sabia que lhe havia dado todas as chances, tendo chegado a procurar seu professor na Rutgers e perguntar: 'O que há de errado com essa mulher?' Quando o vi sendo evasivo, tomei instantaneamente a minha decisão. Ela era um câncer.

"Eu disse à minha secretária: 'Não obedeci ao meu instinto e pagamos por isso.' Sempre que sigo minha intuição estou certo." O dr. Fine vê a própria intuição como um mecanismo de sobrevivência que lhe diz "que porta abrir e quantas bombas existem no cômodo". Por não tê-la seguido, ele quase arrebentou a cabeça com um projétil que ele viu — mas decidira ignorar.

Muitas vezes, sem ter consciência desses elementos impalpáveis, o único recurso do tomador de decisões é simplesmente confiar no que sabe e ser receptivo ao que aparecer. Williams compara esse processo à sua produção. "Uma coisa que aprendi como autora", diz ela, "é que não posso ficar sentada com a cabeça entre as mãos perguntando a mim mesma o que devo fazer, o que tal personagem faz, qual é a história. Tenho uma idéia na cabeça e fico trabalhando com ela enquanto lavo a roupa, dirijo o carro ou escuto rádio. Então a coisa toda surge e eu a escrevo. Sigo esse mesmo procedimento com as decisões."

Felizmente para Roberta, seu sócio/marido hoje dá atenção à sua capacidade e a segue. O negócio continua a crescer e eles começaram a ampliá-lo, tendo feito inclusive uma fusão com o banco de dados Prodigy. Ken agora insiste que Roberta seja parte de todas as entrevistas e decisões. "Analisamos cada currículo, discutimos acerca de quais características queremos em nossos executivos, aquelas que melhor se adaptam ao futuro da empresa. Ele está confiando na minha intuição. E temos contratado as pessoas que me causam boa impressão; tem havido entre todos uma boa relação de trabalho."

Das barricadas de King's Quest I às maravilhas em 3-D de King's Quest VI, os Williams lutaram pela sua recuperação e reconstruíram a empresa a partir do zero; a companhia é hoje um negócio de 57 milhões de dólares e conta com 560 empregados. A Sierra On-Line sobreviveu à tormenta porque eles se mantiveram apegados ao que sabiam. Nunca sucumbiram à falta de audácia, mas floresceram com base no sucesso de sua notável imaginação.

3

JOHN ROLLWAGEN
AS RESPOSTAS MAIS RÁPIDAS DO MUNDO

A equipe que ficou perfeita não começou perfeita — ela aprendeu a produzir resultados extraordinários.

Peter M. Senge

Os líderes não são escolhidos; eles surgem. Eles se adiantam e assumem a responsabilidade, as obrigações. Eles percebem, como diz Ira Glasser, que "se querem ver realizadas as coisas que os preocupam, terão de fazê-las pessoalmente". John Rollwagen, presidente do conselho e diretor-executivo da Cray Research, Inc., sempre soube que iria aparecer. Só não sabia onde isso ia acontecer.

Num certo verão, quando estudante de engenharia elétrica no Massachusetts Institute of Technology, Rollwagen precisava de um emprego. Ele recorreu a um homem que há vários anos tinha grande influência em sua vida, seu chefe de escoteiros George Hanson. Hanson trabalhava na Control Data Corporation quando contratou seu jovem protegido. Foi ali que Rollwagen ouviu falar pela primeira vez do lendário Seymour Cray.

Anos depois, no período dos exames finais na Harvard Business School, Rollwagen começou a ponderar acerca do seu futuro. Ele se recorda de que, quando se aproximou e recebeu seu título de mestre, pensou: "Isso é muito bom; mas agora eu gostaria de começar a trabalhar com alguém dotado de um décimo da competência de Seymour Cray. Ele podia fazer as coisas técnicas e eu cuidaria dos negócios; e teríamos uma grande empresinha." Onze anos depois, a visão de Rollwagen tomou forma concreta.

A Cray Research fabrica os maiores, mais rápidos e mais potentes computadores do mundo. Pelos cálculos humanos, ela jamais teria sido capaz de fabricar um único computador, e muito menos o número que produziu em vinte anos. A Cray trabalha hoje na quinta geração de computadores e, embora tenham por concorrentes empresas como a IBM, a Fujitsu e a NEC, suas máquinas ainda são as melhores. O Vice-Presidente de Comunicação Corporativa da Cray, Frank Parisi, a chama de uma "empresinha boba". Mas essa empresinha boba vale 1 bilhão de dólares e tem 5500 empregados. Seu fundador, Seymour Cray, foi em busca de novos desafios fora dela e Rollwagen passou a ocupar a liderança.

O escritório de Rollwagen na Cray é pequeno e a iluminação tende a ser pouca. Ele tem uma escrivaninha de madeira de lei escura, uma peça sólida sobre a qual faz a maior parte do seu trabalho. Há duas fotos na parede: uma de sua mulher e dos filhos e a outra, de Elvis na Lua. Há também uma cópia enquadrada de duas fotos de primeira página do jornal local. As duas mostram Rollwagen passando em revista o centro de computação, uma com Dan Quayle e a outra com Al Gore. Durante a campanha de 1992, esses dois cavalheiros foram procurar a Cray para falar de alta tecnologia. Para a visita de Quayle, eles prepararam uma simulação de um novo clube de golfe com buracos maiores muito ao gosto dos amantes do esporte. Quayle se mostrou muito interessado. Em contraste, Gore pediu para ver os modelos ambientais globais desenvolvidos pela Cray e, enquanto um técnico fazia a demonstração, Gore pegou o *mouse* e começou a manipulá-lo para obter informações sobre a poluição ambiental no Tennessee.

O ambiente pessoal de Rollwagen é bem discreto. Ao contrário das salas do trono de alguns diretores-executivos, a dele é um escritório de trabalho. Os outros ambientes da Cray também refletem a visão de mundo de Rollwagen. As paredes estão cheias de quadros, a maioria de artistas locais. Rollwagen, que é um excelente fotógrafo, também exibe suas obras. Ele acredita que os cientistas criativos e os artistas criativos têm muito em comum. Ambos tentam, à sua própria maneira, ampliar os limites do que sabem.

Nas palavras de Rollwagen: "Este é o tipo de lugar onde não existe um monte de regras. Na verdade, temos mais dificuldade para fazer as pessoas irem embora no fim da tarde do que para lhes dizer a que hora chegar pela manhã."

O ambiente da Cray é o ponto essencial do seu sucesso. Rollwagen aprendeu os segredos de seu mestre, Seymour Cray. Ele o observou com detida atenção. Rollwagen diz: "A coisa em que ele era muito bom, sem formulá-la explicitamente, era conduzir outras pessoas para o mesmo ambiente intuitivo em que ele mesmo se põe. E isso funciona. De certa maneira, conseguimos institucionalizar um ambiente favorável à criatividade, que é muito intuitiva." Esse ambiente envolve pessoas que se conhecem bem e que trabalham em pequenos grupos. A comunicação nesses grupos costuma ser franca e, muitas vezes, não totalmente explícita. "As pessoas se entendem", explica ele, "e sabem o que está acontecendo." Trata-se de um ambiente em que os prazos finais são claros e nunca há recursos suficientes para fazer tudo o que supostamente deveria ser feito. Isso significa que nem todos os dados, equipamentos e instrumentos necessários podem ser adquiridos. Significa também que não há planos de suporte. "Nessas condições, as pessoas começam a trabalhar a partir de um nível intuitivo e criativo, porque não têm opção. Elas não dispõem de tempo para fazer o que é racional. Elas não dispõem dos dados, não contam com instrumentos nem têm dinheiro; logo, fazem o que podem. As pessoas reagem de modo bem semelhante nesse ambiente. Elas começam a se movimentar num ritmo diferente para fazer o que precisa ser feito."

Desde 1987, a Cray Research tem enfrentado uma concorrência cada vez mais acirrada, e tornou-se essencial trabalhar num ritmo acelerado. Durante vinte anos, a Cray Research foi a força dominante no campo dos supercomputadores. Porém, segundo Rollwagen, esse domínio os prejudicou. "Temos uma história, um conjunto de clientes com grandes expectativas", afirma Rollwagen. "Ao mesmo tempo que querem que sejamos pioneiros, eles não querem que alteremos coisa alguma. Temos muita gente na empresa que pensa dessa mesma forma."

Uma área de mudança que consumiu muito tempo e energia de Rollwagen é a do processamento massivamente paralelo [MPP — *Massively Parallel Processing*]. Os processadores massivamente paralelos reúnem milhares de microprocessadores baratos e usam programas que decompõem complexos problemas científicos e de engenharia em *bits* do tamanho de *bytes*. Muitos teóricos da computação acreditam que essa abordagem contém as chaves para a realização do "*teraflop*" — um trilhão de operações matemáticas por segundo. No mundo dos supercomputadores, a única coisa que importa é a velocidade e o volume sempre crescentes. Por que essa velocidade incompreensível é necessária? De acordo com uma entrevista que deu à revista Forbes, Rollwagen acredita que: "Um cientista que sabe usar de modo eficiente um supercomputador pode fazer progressos com dez vezes mais rapidez do que um cientista incapaz disso. Isso significa que o país que não tem supercomputadores vai ficar para trás."

Por exemplo, uma aplicação médica dos supercomputadores é a decodificação do genoma humano. A corrida mundial para chegar a esse mapeamento pode levar a desenvolvimentos farmacêuticos que valem centenas de bilhões de dólares para o país vencedor. Os processadores massivamente paralelos podem aumentar a velocidade de processamento e reduzir custos. As máquinas maiores e mais potentes da Cray Research custam perto de 30 milhões de dólares cada uma. Os processadores massivamente paralelos custam entre 1 e 4 milhões.

Rollwagen sente que a Cray tem enfrentado com sucesso o desafio da concorrência no campo do MPP, mas fazê-lo exigiu algumas decisões intuitivas de alto nível que beiraram, segundo ele, a absoluta espontaneidade. No final dos anos 1970, Rollwagen e Seymour Cray foram à Inglaterra com seu primeiro supercomputador, anunciado na época como o mais potente computador do mundo. Enquanto estavam lá, a ICL britânica lançou um produto chamado DAP — processador de matriz distribuidora [*distributor array processor*] —, o primeiro processador massivamente paralelo. Todos caíram em cima de Cray e Rollwagen com perguntas como "Esse desenvolvimento não vai tirar vocês do negócio? E, embora o Cray seja bom, não será essa uma maneira melhor de fazer as coisas?" Cray respondeu que o processamento paralelo era um conceito interessante que faria parte do futuro. Ele observou: "Há alguns desafios em termos de programas e questões relativas à arquitetura. A menor matriz em que posso pensar é dois por dois; assim, vou construir uma máquina de quatro processadores." Ele a construiu e chamou-a de Cray 2. Tratava-se, mais uma vez, do computador mais veloz do mundo.

A resposta de Rollwagen foi: "É algo evidentemente promissor para o futuro", chamando também a atenção para o preço baixo. E, eterno homem de negócios, acrescentou: "Logo, quando chegar a hora de fazer uma versão de vinte milhões de dólares, a Cray fará."

Saltemos no tempo para 1990. A Cray Research iniciou um projeto de processamento massivamente paralelo, mas ele ainda está numa fase muito incipiente. "Como sempre," explica Rollwagen, "havíamos fixado o ano de 1994 como alvo para a produção de uma máquina de altíssimo nível." Mas algo aconteceu. Rollwagen estava dando uma palestra a um grupo chamado FCCST (a pronúncia é "fixit"), um comitê interórgãos do governo federal que tenta acompanhar o processamento computadorizado de alto desempenho. Perguntaram-lhe sobre os esforços da Cray nesse domínio. "E tomei uma decisão na presença dos meus colegas", diz ele, "mas sem ter falado muito sobre isso com o meu pessoal: anunciei que teríamos uma versão inicial da máquina disponível em 1992. Isso foi espontâneo, visto que, naquele momento, era óbvio que teríamos a melhor máquina em 1994, mas então seria muito tarde. Falamos de uma máquina intermediária, uma versão reduzida da máquina de 94, que poderia vir a ser fabricada, tendo-me parecido apropriado que eu dissesse e fizesse isso. Assim, assumi uma responsabilidade e estamos cumprindo o prometido."

Rollwagen admite que não costuma dar esses passos inesperados. "Tento ouvir o meu íntimo. As decisões que tomamos são razoavelmente fundamentais e estratégicas. E tento ser particularmente sensível ao pessoal que tenho ao meu redor — não apenas àquilo que eles querem que aconteçam como também ao que eles de fato estão pensando, porque eles sabem mais do que eu." Ele crê que parte de sua função é ajudar seu pessoal a formar uma opinião sobre uma decisão e depois integrar essa opinião à sua. "Sou um bom sintetizador. Posso colher uma série de opiniões e, sem que eu a formule no momento, uma decisão se torna clara. Então eu a formulo."

Tomar decisões usando idéias dos outros requer flexibilidade. Isso quer dizer que o responsável pela decisão tem de estar disposto a mudar de opinião. Rollwagen acredita que sempre está propenso a isso. Nos círculos da computação, as mudanças são coisa corriqueira e costumam caracterizar-se como um desenvolvimento maior. Mas ele aprendeu seu ofício com um mestre no assunto, Seymour Cray.

Nos primeiros dias da Cray Research, Rollwagen levava pessoas para conhecer Cray. As pessoas sempre gostavam de conhecê-lo, pois ele era muito famoso e levava uma vida meio reclusa. Eles falavam por algum tempo sobre computadores e a conversa depois ficava mais geral. Cray é por natureza um homem muito pensativo. Uma pergunta que as pessoas adoravam fazer a ele era sua opinião sobre o futuro do mundo nos próximos quatro ou cinco anos. Ele declarava cautelosamente sua opinião. "A história que ele criava", recorda-se Rollwagen, "era sempre coerente com todas as coisas que tinham acontecido até então. Saímos do encontro pensando: 'Meu Deus! Agora entendo como vai ser o mundo dentro de cinco anos. Nem tenho mais que pensar nisso. Essa é por certo a resposta.'"

Quando as pessoas começaram a visitar Cray com mais freqüência, às vezes apareciam grupos em dias sucessivos. Rollwagen conta que acontecia a mesma coisa. Cray descrevia o futuro levando em consideração tudo quanto acontecera até então, modificando o que dizia apenas para incluir os acontecimentos do dia anterior. "Ele sempre tinha um plano e uma visão estratégica, e os modificava todos os dias." Rollwagen silencia por um segundo para refletir e diz: "É preciso fazer as duas coisas."

Dirigir uma empresa altamente competitiva, que vale um bilhão de dólares, exige de seus líderes um sentido impecável de tempo, objetivos claros e capacidade de realização, ainda que isso signifique mudar completamente tudo o que se fez antes. Em 1981, nove anos depois de sua fundação, a Cray Research tinha alcançado todas as suas metas originais. Com mais de 1000 empregados e ativos acima de 100 milhões de dólares, Seymour Cray estava inquieto. Ele fizera carreira pegando idéias radicais, que mal tinham sido elaboradas, e tornando-as fabulosamente bem-sucedidas. Em 1957, Cray apresentou à Univac, empresa para a qual trabalhava, um plano ambicioso. Quando ela se recusou a financiá-lo, Cray saiu da empresa e foi trabalhar com William Norris em sua nova Control Data Corporation. Em 1972, a CDC não estava pronta para dar o salto que Cray desejava. Ele saiu para tentar realizar sozinho sua visão da supercomputação. Que revolucionou o modo como o mundo via o poder dos computadores.

Em 1981, tendo ido de zero a dez com seus projetos, Cray viu-se novamente sonhando com um desafio. Rollwagen procurou seu amigo e mentor, reconhecendo os sintomas de Cray. "Não está funcionando mais, não é?" Cray concordou. Rollwagen então sugeriu que encontrassem um meio de fazer funcionar. Cray concordou outra vez. Eles fizeram um acordo para Cray ser um colaborador independente. Isso significava que ele não estaria mais envolvido na direção da empresa, mas continuaria a trabalhar para ela, beneficiando-se dos seus recursos, mas com liberdade para começar novamente do zero. A idéia de Rollwagen era fazer a companhia passar de dez a cem.

Oito anos mais tarde, Rollwagen conseguira, a partir do fenomenal sucesso dos avanços da Cray Research, levar a empresa a cem. Tais avanços incluíam, entre outras coisas, o uso de ouro em ligas para acelerar as transmissões eletrônicas e um meio de fazer a eletricidade correr em uma só direção em vez de polarizar-se na corrente alternada, mais lenta e menos eficiente. Enquanto isso, Seymour Cray levava sua tecnologia Cray 3 de zero a oito. Ele estava tendo alguns problemas com um determinado aspecto do computador, uma nova tecnologia que usava microplaquetas de arsenieto de gálio. Estava contemplando a possibilidade de voltar a zero, enquanto Rollwagen tinha os olhos voltados para 1000.

A prova da ansiedade de Cray por um recomeço veio quando ele se mudou de sua velha cidade natal, Chippewa Falls, Wisconsin, para Colorado Springs, Colorado. Chippewa Falls, a curta distância de carro dos escritórios de Eagen, Minnesota, da Cray Research, nas proximidades de Mineápolis, era o local em que todos os computadores da Cray tinham sido fabricados. Segundo Rollwagen, tratava-se da tentativa de Cray de se afastar o mais possível da Cray Research a fim de recomeçar o Cray 3. Rollwagen deu-lhe sua bênção.

O pessoal que trabalhava em Chippewa Falls ficou chocado. Os dois mil e quinhentos funcionários, muitos dos quais nunca tinham visto Seymour Cray, mesmo assim se sentiam envolvidos com ele e não podiam compreender como ele podia ir embora. Passado o impacto da partida de Cray, ficaram desapontados e irritados. O sujeito os levara para o meio do mato para fabricar seus computadores e agora abandonava o barco? Por fim, a tripulação aceitou a partida de Cray. Todos voltaram a pôr sua atenção na fabricação de computadores. A máquina com a qual estavam envolvidos naquele momento, a C-90, poderia ser esticada, puxada e acelerada para passar à frente do Cray 3 e chegar ao mercado antes dele. A corrida começara.

Passados cerca de seis meses, depois de muito pensar e refletir, Rollwagen percebeu que criara uma situação insustentável. Lá estava Seymour no Colorado, com o Cray 3 adiado por causa da mudança, e o C-90, usando uma tecnologia mais avançada do que aquele e andando com rapidez nas mãos de uma equipe de projetistas jovens e altamente motivados em Chippewa Falls. Os dois produtos eram endereçados diretamente ao mesmo mercado e, provavelmente, chegariam a ele ao mesmo tempo. Embora usassem tecnologias diferentes, os dois eram altamente competitivos. "Era como ter dois gêmeos no útero com tipos sangüíneos diferentes", explicou Rollwagen. "Eles não podiam coexistir no mesmo ventre. Alguma coisa tinha de ser feita. E era uma escolha de Salomão." Então, enquanto Rollwagen se aproximava do momento de tomar uma importante decisão empresarial e estratégica, a recessão empurrou tudo para baixo.

Todos começaram a sentir o apuro financeiro. A Cray investira uns 50 milhões de dólares no desenvolvimento do Cray 3 e igual montante no C-90. Rollwagen sabia que era preciso fazer algo — mas o quê? "Não podíamos parar o projeto de Seymour. Quero dizer, convenhamos, ele tinha o seu nome na porta. Além disso, era um excelente projeto e não havia motivos para abortá-lo." A outra opção era acabar com o C-90. Porém, se o fizesse, estaria transmitindo a mensagem de que não existe Cray Research sem Seymour Cray. Ele sabia que isso desestimularia os jovens projetistas que vinham dando impulso à empresa. Em toda a organização, o nível de ansiedade era intenso. De repente, a solução chegou a Rollwagen.

Sua lembrança desse momento, que coroou seis meses de tensão e de ponderação, é de um alívio imediato — uma sensação de "aha!" por ter dado com a solução certa. "Foi assustadora até chegar", ele admite. Mas sabia que etapas seguir.

Rollwagen pegou um avião para o Colorado. Cray e ele se sentaram como já tinham feito em muitas ocasiões durante seus quinze anos de amizade e associação. Mas dessa vez era diferente. O nível de tensão era alto. A conversa tocou brevemente em assuntos pessoais e se concentrou no problema a ser resolvido. Rollwagen voltou-se para seu amigo e mentor, respirou fundo e disse: "Seymour, temos de dividir a empresa."

Seymour disse simplesmente: "Concordo com você."

"De quanto dinheiro você precisa para terminar o seu projeto?"

"Provavelmente, cem milhões de dólares."

"Ótimo."

O acordo foi feito. Cray ficaria com suas instalações de Colorado Springs, com o equipamento que lá estava e com o pessoal que trabalhava com ele. Os ativos alcançavam 50 milhões de dólares. Em acréscimo, Cray receberia mais 100 milhões. A Cray Research ficaria com o que restasse.

A percepção inicial de Rollwagen era que ele iria para o Colorado juntar-se a Cray. "Mas então percebi que essa decisão não era apropriada para mim. Eu já fizera isso. O que eu ainda não tinha feito era a Cray

Research. Era uma decisão muito pessoal. No começo, havia muita ansiedade, mas uma das coisas que eu e Seymour éramos capazes de fazer como companheiros era ficar quietos e ouvir juntos." A cisão era muito clara para Rollwagen. "Ela pode até ter sido bem mais clara para mim do que para ele", diz ele.

Como parte do acordo, a Cray Research ainda seria proprietária de dez por cento da nova empresa de Seymour, a Cray Computer Corporation. Os outros noventa por cento seriam distribuídos sem ônus aos acionistas da Cray Research.

Um mês depois, quando eles anunciaram a decisão na reunião anual da Cray Research, a comunidade financeira ficou sem saber o que pensar desse rumo inesperado dos acontecimentos. No mês anterior, a Control Data Corporation anunciara o fechamento de sua empresa de supercomputadores, a ETA Systems, por estar perdendo dinheiro.

A decisão de Rollwagen não fora precipitada pelo colapso da ETA, mas isso não deixou de ter seu peso. Em inúmeras ocasiões Rollwagen expressara sua preocupação pelo fato de seus três grandes concorrentes japoneses, a NEC, a Fujitsu e a Hitachi, estarem tentando preencher a lacuna no campo da supercomputação norte-americana. Os supercomputadores são considerados vitais para o desenvolvimento de armas e da aviação, tendo havido alguma especulação de que Rollwagen e Cray basearam sua decisão nos seus contratos com o governo. O Pentágono e outros órgãos governamentais exigem em todo contrato dois proponentes e, com a perda da ETA, restava somente uma companhia norte-americana capaz de atender a esse requisito. Rollwagen sustenta que não fez nenhuma consulta a Washington antes de resolver.

Num artigo para o *New York Times*, David Wu, analista financeiro que segue de perto a indústria da computação, observou, no entanto, que: "Foi uma decisão brilhante. Trata-se de um caso em que as partes valem mais do que o todo. Do ponto de vista do país, é a melhor coisa que poderia ter acontecido."

Gary Smaby, analista da Needham & Company, de Mineápolis, viu mais do que o benefício para as partes e o país. "O que me causa forte impressão é o caráter ímpar dessa resolução. Nunca houve nada parecido."

Pouco depois da notícia, falou-se em Washington na adoção de uma política nacional que ajudasse as empresas norte-americanas de supercomputadores. Os japoneses tinham abraçado uma doutrina nacional há quase dez anos, o que lhes permitira reduzir seus preços em 80 por cento para ganhar contratos.

Rollwagen sentira o golpe da competição estrangeira quando os lucros da Cray passaram de um aumento anual de 50 por cento para meros 10 por cento. Mesmo assim, ele ainda acreditava que estavam uns dois anos na frente dos japoneses, como o comprovava a velocidade dos seus respectivos computadores: o desempenho do Cray superava os 2 bilhões de cálculos por segundo, enquanto o da NEC nem alcançava 1 bilhão. Porém, ficar na frente não é apenas uma questão de correr mais. Como disse a Alice de Lewis Carroll: "É preciso correr com toda a velocidade possível para permanecer no mesmo lugar." Também era necessário correr melhor.

Alguns analistas viram a separação Cray/Rollwagen como prova de que a administração da Cray Research finalmente percebera que a firma não era nem uma pequena operação de computadores instalada numa garagem, à feição da Apple, nem uma organização totalmente sujeita aos humores do fundador. Mas Rollwagen insistia que a Cray Research permaneceria tão inovadora e criativa quanto antes.

Um dos principais instrumentos de Rollwagen na operação do seu negócio de 1 bilhão de dólares é o processo de visualização. Ao final de cada ano, Rollwagen concede a si mesmo um tempo para literalmente rever o ano que passou e projetar-se no futuro. "Olhar para trás parece muito lógico e claro", afirma ele. "Posso ver o caminho com muita nitidez e perceber por que tudo aconteceu. Posso seguir um caminho perfeitamente claro do presente para o passado. Mas sei que, se no passado eu tivesse tentado visualizar a situação presente, por certo não seria capaz de seguir esse mesmo caminho. O que faço é projetar-me no futuro que eu gostaria de ver realizado e descobrir meu caminho de volta ao ponto em que me encontro agora. Então esse vai ser o caminho que vou começar. Ele pode vir a mudar, mas é isso que me dá uma indicação. Se começasse do agora e dissesse: 'vai acontecer isso e depois aquilo', eu ficaria totalmente confuso. Acredito firmemente na visualização."

Parte do processo administrativo de Rollwagen consiste também em meditar. "É nesse momento que a minha voz fica silenciosa", explica ele. "Não medito para tomar uma decisão. Não é uma coisa intencional nesse sentido. Mas é uma maneira de silenciar e tocar a terra. Não espero sair de uma meditação e dizer 'Oh! Agora compreendo!' Simplesmente espero ficar bem quieto e então tenho a confiança de que, num momento não muito remoto, encontrarei o caminho."

É nesse ponto de maior quietude que a intuição costuma fazer ouvir a sua voz com mais intensidade. E é essa a qualidade que Rollwagen considera absolutamente necessária para ser o líder de sua organização. "A Cray não poderia tolerar um líder que dissesse 'Muito bem, vocês vão fazer isso e aquilo e eu vou cobrá-lo de vocês amanhã'", acredita ele. De certo modo, foi essa postura que custou ao presidente da Cray, Marcelo Gumuclo, seu cargo na empresa.

Cerca de um ano depois do anúncio da separação entre a Cray Research e Seymour Cray, Gumuclo anunciou sua renúncia. Ele e Rollwagen concordaram que suas divergências quanto ao estilo de administração tornaram impossível o trabalho conjunto. Tal como foi comentado pelos jornais, Gumuclo era um vendedor mais agressivo, ao passo que Rollwagen tinha um estilo de administração mais aberto. Na explicação de Gary Smaby: "Rollwagen era claramente o pensador mais visionário, capaz de levar em conta o prazo mais longo."

A diferença de estilos administrativos era bem pronunciada. Em contraste com a abordagem à maneira da velha escola, diz Rollwagen, "posso querer que algumas coisas aconteçam, mas tudo é mais eficaz quando consigo plantar sementes, e as melhores sementes são plantadas de forma quase intuitiva. Minha política é engajar as pessoas no problema pedindo-lhes uma solução em vez de lhes dizer qual é a solução. Percebo que isso acontece melhor de maneira não-dirigida, mais intuitiva".

A abordagem parece estar funcionando. Depois da saída de Seymour Cray e de Gumuclo, Rollwagen moldou uma organização completamente diferente. A linha de produtos ia de um mini-supercomputador de 300.000 dólares à versão corrente do computador mais rápido do mundo, na faixa dos 30 milhões de dólares. Além disso, mais de 450 criadores de programas trabalhavam para ligar os supercomputadores a estações de trabalho e, por fim, à linha própria de computadores massivamente paralelos.

Na qualidade de especialista em *marketing* de alta tecnologia, Regis McKenna diz: "A decisão é um processo. As pessoas têm sucesso no mundo de hoje alterando-se e adaptando-se de forma constante ao ambiente. É um processo de mudança contínuo. Você não pode tomar decisões absolutas porque não existem coisas absolutas. Há apenas situações relativas."

Tal como McKenna, Rollwagen conhece esse processo, sabe como ele se realiza: "Só tenho problemas quando faço uma relação de prós e contras e passo a decidir seguindo um processo muito racional. Nessa circunstância, eu me atrapalho. Posso fazer coisas fantásticas com planilhas, adoro a análise de sistemas e os sistemas complexos de retroalimentação, o que vem da minha formação de engenheiro. É sempre divertido, mas isso nunca me fornece a resposta certa. Sempre surge algo perfeitamente lógico. E eu olho para aquilo e digo: 'Não pode ser. Isso não está certo.'" O que fornece a Rollwagen a resposta é simplesmente sentar em silêncio e deixar que as informações sejam absorvidas. Ele não gosta de apressar decisões. "Eu deixo que ela venha, e ela termina por aparecer."

Ele conhece o valor de uma atitude administrativa emocional. É algo que ele encoraja e reforça com todas as suas ações na Cray. "As pessoas me vêem tomando decisões ou agindo de maneira claramente não-racional, e isso lhes dá permissão para que também se comportem assim", explica Rollwagen.

Ele definitivamente não é um tradicionalista, mas sua empresa de 1 bilhão de dólares tem como fundamento uma inovadora combinação de criatividade e de ciência. É essa disponibilidade para dar atenção à criatividade e para recorrer à intuição que tem forjado desde o começo o sucesso da Cray Research. Talvez o caminho nem sempre seja claro, mas a abordagem é. Diz ele: "Creio firmemente que muitas vezes não há outra decisão a não ser ir em frente. Não me importa o que você faça. O que interessa é caminhar. Faça simplesmente isso, pois você não vai estar certo nem errado. Trata-se apenas de uma rota que você mais tarde pode corrigir. Mas se nunca começar, você nunca vai chegar. Isso é indiscutível."

Para Rollwagen, tomar uma decisão não passa de jogar cara ou coroa. "É uma forma maravilhosa de decidir. Não porque você vá fazer o que a moeda disser, mas porque você percebe instantaneamente quando a moeda indicou o rumo certo, quer você goste ou não dos resultados. E aí está a resposta: não siga a moeda, mas sua reação à posição em que ela caiu."

Rollwagen descobriu que, por mais bem consideradas que tenham sido, certas decisões não saem como se planejou. No final de dezembro de 1992, depois de viajar com a família num feriado, ele recebeu uma mensagem de Washington. O presidente Clinton queria que ele aceitasse um cargo em sua administração. Na época, o pessoal tinha várias possibilidades em mente, mas tudo o que eles queriam saber naquele momento era se ele tinha interesse em ir para Washington. Ele disse que ligaria no dia seguinte para dar a resposta.

Rollwagen discutiu a ligação com Beverly, sua mulher. Ele estava na Cray há dezessete anos. Washington com certeza proporcionaria uma atmosfera bem diferente. Duas horas depois, eles tinham decidido. Rollwagen ligou para Washington na mesma noite. Um mês depois, foi indicado para o cargo de sub-secretário do comércio. Assumi-lo significaria renunciar à Cray Research, mas também era a oportunidade de liderar a política governamental de promoção da alta tecnologia.

Sua primeira experiência na função foi reunir-se com o presidente, o vice-presidente, suas esposas e todos os nomeados para um cargo em Camp David, num fim de semana destinado à formação de um espírito de equipe entre todos. Rollwagen teve uma ótima impressão do presidente e dos membros da administração. Saiu de Camp David animado e pronto para trabalhar.

Infelizmente, sua ida ao gabinete na segunda-feira mudou tudo. O ambiente em Washington era muito diferente do da Cray. Depois de três dias de batalhas e de burocracia, sua intuição lhe disse que ele cometera um grande erro. O enorme otimismo com que chegara logo cedeu lugar a um realismo chocante. Ele procurou seu superior, o Secretário de Comércio Ron Brown, e lhe disse que se via forçado a renunciar. Brown terminou por convencê-lo de que ele estava se precipitando ao decidir sem dispor de informações suficientes. O Secretário prometeu que as coisas iam melhorar.

Quando ele estava prestes a ser confirmado no cargo, surgiram dúvidas com relação às ações da Cray Computer que a Cray Research vendera em novembro de 1991. O Lawrence Livermore Lab tinha cancelado inesperadamente um pedido feito à Cray Computer em 19 de dezembro de 1991, o que causara uma queda pronunciada no valor das ações da empresa. A Comissão de Títulos e Valores submeteu Rollwagen, que não estava envolvido na operação, a um interrogatório. Rollwagen estava a duas horas de ser confirmado no cargo quando pressões decorrentes da investigação provocaram um adiamento da audiência.

Ele sabia que nada fizera de errado e que terminaria por ser confirmado. Mas a demora lhe ofereceu uma oportunidade. Quatro meses tinham se passado desde que ele entrara no gabinete de Ron Brown e apresentara sua renúncia. Pouca coisa mudara. Dessa vez, ele resolveu seguir a intuição.

Em 20 de maio de 1993, Rollwagen chegou a uma conclusão. Ele pediu a retirada do seu nome. Disse ao *New York Times* que a investigação tivera um papel ínfimo nisso. Na sua explicação: "Há trinta anos estou na iniciativa privada e tentei entrar no setor público sem conhecê-lo bem. Eu sabia que era diferente, mas não tinha percebido até que ponto vai essa diferença."

Quem não ficaria lisonjeado e honrado se o presidente dos Estados Unidos o convidasse para servir? Por vezes, permitir a si mesmo saber exatamente o que se sabe não basta. Surgem circunstâncias inesperadas depois de tomada uma decisão, e tudo quanto se pode fazer é seguir em frente. Em sua decisão final quanto a Washington, Rollwagen sabia que passar mais tempo na capital não daria bons frutos nem a ele nem ao governo. Uma decisão difícil como essa só pode provir do íntimo. Rollwagen sabia que era a decisão certa. E era igualmente uma decisão que ele tinha de tomar sozinho.

4

MICHAEL MONDAVI
DECANTANDO AS DECISÕES CORRETAS

In vino veritas.

Plínio

A experiência do vinho está no primeiro gosto que sentimos. Tudo o que se há de saber desse derivado da uva é revelado nesse instante. Sua cor, seu aroma e o sabor que ele deixa na boca. Os grandes fabricantes de vinho investem e arriscam tudo nessa primeira impressão. O nome Mondavi tornou-se sinônimo dos grandes vinhos da Califórnia. Sim, há outros, mas a imagem dos Mondavis se fundamenta nesse primeiro gosto dos seus vinhos clássicos elegantes, suculentos, suaves, escuros, terrosos e aveludados.

A Robert Mondavi Winery foi fundada em 1966. Foi estabelecida depois de divergências entre os irmãos Robert e Peter quanto às operações da fábrica de vinho da família, a Charles Krug Winery, que seu pai, Cesare, comprara em 1943. Hoje, a terceira geração de Mondavis está no comando da Mondavi Winery. Michael dirige o negócio, Timothy faz vinho e a irmã Marcia assumiu a publicidade na Costa Leste. Trata-se de uma fábrica familiar — sentimento que se estende das casas em que vive a família aos empregados que passam os dias cuidando do vinho. É uma família dedicada. Manter esse negócio familiar é tarefa do alto, esguio e bigodudo Michael Mondavi.

A produção de vinho é um negócio de crescimento vagaroso. Plantadas as vinhas, é preciso que se passem ao menos cinco anos para que produzam uma garrafa de vinho. O fluxo de caixa médio de uma fábrica é de vinte e oito meses — as uvas são esmagadas, o vinho envelhece, as garrafas chegam ao cliente e o dinheiro chega ao banco quase dois anos e meio depois. Tomar decisões empresariais nesse contexto significa que Michael Mondavi está sempre prevendo a maneira pela qual sua decisão vai beneficiar futuras gerações de Mondavis.

Pelos padrões do vinho, 1974 foi um ano digno de nota. A safra foi excelente, com um volume excepcionalmente alto de produção — 20 por cento acima do normal. Ao mesmo tempo, as taxas de juros no país estavam aumentando, o dólar estava fraco e os vinhos europeus estavam com problemas. O vinhos californianos tinham conseguido gigantescos ganhos de qualidade e de quantidade nos dois anos anteriores e, de repente, foram surpreendidos por um excesso de produção. Os preços sofreram uma drástica redução.

Quando chegou a hora da colheita dos Mondavis, eles sabiam que o vinho a ser produzido seria excelente, mas sabiam igualmente que o volume de produção seria tão grande que eles não teriam como escoá-la.

Hoje, os Mondavis engarrafam 100 por cento do seu vinho, mas em 1979 eles venderam 50 por cento a carros-tanque e a outros produtores.

Michael Mondavi tinha de tomar uma decisão rápida. Ele vendeu a maior parte de sua primeira colheita aos carros-tanque antes de todos os outros concorrentes, cobrando 3 dólares a medida de 4,5 litros. Eles perderam três quartos de milhão de dólares, mas podiam ter perdido bem mais. "Nossa atitude foi muito simples", diz ele, alongando o corpo de fundista. "A primeira perda é a melhor perda."

Mondavi foi então alertado para o fato de que, como o restante da colheita era quase o dobro do volume dos anos anteriores, eles jamais poderiam vender o que produzissem. Teriam de baixar o preço para 2 dólares a medida. Ele disse: "Não. O diabo do vinho é muito bom. Encontraremos uma maneira de vender."

"O pior era que os nossos próprios conselheiros nos diziam para fazer 'a', quando eu sabia, por experiência, que o meu íntimo me dizia que devíamos fazer 'b'. Eu não queria fazer 'b' unilateralmente. Por isso, tentei convencê-los de que estávamos certos, mas foi em vão." Mondavi sabia o que tinha de fazer.

A vinícola Mondavi fica em Oakville, Califórnia, perto da parte intermediária do Napa Valley, uma estreita faixa de terra fértil que produz algumas das melhores uvas para vinho do país. As manhãs têm ali uma qualidade especial. Trata-se da luz, da maneira como a luz solar irrompe pelo Monte Stag's Leap e vai se filtrando vale abaixo. Nos estreitos caminhos entre as videiras não há telefones para Mondavi atender. Pela manhã, ele corre, e seus pensamentos ficam à vontade para se movimentar em seu interior enquanto o seu físico se envolve com o padrão de seus movimentos. Nesses momentos, ele permite que o pensamento flua livremente. "Você precisa deixar o pensamento livre para que (uma decisão) penetre em sua cabeça, deixá-la perambular à vontade e então pensar simplesmente nela enquanto corre, sem um *walkman* nem um rádio. Eu deixo que os pensamentos fluam como fluem as marés." Então, de súbito, numa dessas corridas, uma das ondas quebrou em terra: "Por que não pensei nisso antes? É tão simples." A decisão se impusera.

Todos os que estavam sentados à mesa para o café da manhã sabiam que Michael tinha tomado alguma decisão. Quem o conhecia identificava os sinais disso. Quando estava reunindo informações para decidir, ele comia muito depressa. Quando estava prestes a decidir, comia bem devagar. Naquele momento, ele mastigava cada bocado com todo o gosto.

A idéia surgida naqueles caminhos plenos do aroma das uvas fora a seguinte: "Para entender os melhores vinhos do mundo, é preciso provar os melhores vinhos do mundo. Não era apenas uma questão de dizer que o nosso era melhor. Tínhamos de ver se podíamos nos comparar com os outros. Como quase tínhamos ido à falência, e então surgira essa superprodução de *cabernet* em 1974, tínhamos de aumentar nossas vendas, receber o dinheiro e pagar ao banco, ou senão, dizer adeus."

Todos os superlativos foram empregados para definir o *cabernet* de 1974. Era o melhor *cabernet* que a Mondavi já produzira — mas como eles iriam comunicá-lo às pessoas que iriam comprá-lo: o proprietário de restaurante de ótima qualidade, *o maître d'hôtel* que compra o vinho, e os varejistas? Mondavi conta: "Não podíamos competir com os grandões do ramo. Não podíamos dar-lhes um desconto de dez dólares a garrafa nem oferecer-lhes uma viagem às Bahamas. Simplesmente não temos esse porte. Não acreditávamos que fôssemos conseguir com publicidade na imprensa escrita nem em meios eletrônicos. Também não contávamos com pessoal suficiente para sentar e levar a cada um dos nossos clientes o vinho para provar. E descobrimos que provando apenas um vinho todos dizem que ele é bom, mas o assunto morre aí.

Então Michael apresentou sua idéia: "Porque não fazemos o que costumamos fazer quando nos sentamos para provar vinho? Mas vamos fazê-lo em larga escala. Vamos fazer que quinhentos restaurantes e lojas de vinho de alta reputação da Califórnia venham à fábrica e provem junto conosco cinco Bordeux da primeira colheita (os mais finos vinhos franceses produzidos) ao lado dos nossos *cabernet* e *cabernet* reserva. Vamos fazer isso com vendas nos olhos."

A primeira reação à sua idéia foi: "Você sabe quanto custam esses vinhos?"

"Eu falei: 'E daí?' Se o fazemos e terminamos em primeiro lugar, isso é ruim, porque o vinho é muito diferente. Se terminamos em último lugar, isso é ruim, pelo mesmo motivo. Mas se ficamos do segundo ao sexto lugares, ganhamos." Mondavi convenceu os que se opunham e eles fizeram a experiência. Levaram cinqüenta dos melhores *restaurateurs* do Estado para a degustação na fábrica e abriram as garrafas escondidas de Chateau Lafite Rothschild, Chateau Mouton Rothschild, Chateau Latour, Chateau Margaux, Chateau Haut-Brion e dos dois *cabernets* Mondavi. Os provadores poderiam classificar os vinhos e escrever sua cotação ou não comunicar suas conclusões a ninguém. Quando os resultados foram tabulados por dois dos *restaurateurs,* anunciaram-se antes de tudo os vinhos. Os vinhos Mondavi ficaram em terceiro e em quarto lugar — exatamente onde Michael desejara. Aquelas pessoas representavam os mais sofisticados restaurantes da Califórnia. A maioria delas jamais provara um vinho californiano perto de um grande Bordeaux da primeira colheita. O preconceito sempre fora o de que a Califórnia fazia bons vinhos, mas que quem quisesse um grande vinho tinha de tomar um Lafite ou um Haut-Brion.

Na recordação de Mondavi: "A resposta àquela degustação foi de confundir a cabeça. Realizamos imediatamente mais oito em todo o Estado. Em quatorze meses vendemos o equivalente a dois anos." Na verdade, aquilo foi pura intuição. Além do sucesso obtido com seus vinhos, a Mondavi tornou-se a principal compradora norte-americana de vinhos da primeira colheita, adquirindo centenas de caixas. Essa prática provou ser tão bem-sucedida que continua até hoje, uma década e meia depois.

Mondavi contou com bons mentores no campo dos vinhos. Seu pai era considerado por muitas pessoas um dos melhores fabricantes de vinho do mundo. Era um homem que enfrentou abertamente a atitude francesa para com os vinhos da Califórnia. Convidou então o barão Mouton Rothschild para criar um vinho chamado Opus One, que hoje tem o renome de um dos grandes vinhos do mundo, sendo considerado o primeiro vinho verdadeiramente internacional. Mondavi aprendeu muito com o pai. Mas uma das maiores lições veio do maior produtor de vinho dos Estados Unidos, Ernest Gallo. Foi uma lição que Michael jamais esqueceu.

Mondavi acabara de ser promovido a vice-presidente de *marketing* e vendas, e Gallo o procurou numa reunião. Puxando o jovem Mondavi de lado, disse: "Eu soube que você vai cuidar do *marketing*."

Michael respondeu, todo orgulhoso: "Sim, senhor Gallo."

"Você sabe o que faço?" — perguntou o velho estadista do vinho.

"Bem, o senhor dirige a Gallo Winery" — replicou Mondavi.

"Você sabe o que faço?" — repetiu Gallo.

"Bem, o senhor provavelmente coordena os planos de longo prazo e ..." Mondavi enumerou vários elementos específicos, tentando mostrar seu conhecimento do assunto.

Gallo disse: "Não. Eu ligo para os meus clientes. Ligo para os varejistas. Não fico apenas no distribuidor nem me limito a ouvir o meu pessoal. Vou direto ao comprador. Assim, posso auscultar e sentir o que se passa. Não obtenho minhas informações depois de elas passarem por cinco ou seis filtros. É só depois de obtê-las que falo com meu pessoal e com meus distribuidores."

Mondavi apenas ficou olhando aquela lenda viva do vinho californiano e Gallo baixou a voz. "Você nunca vai ser grande como Gallo. Nunca vai ser tão ocupado. E se eu posso ligar para os clientes e conseguir dados em primeira mão e sentir as coisas, *você* também pode."

Na reflexão de Mondavi: "Descobri que aquilo era um valiosíssimo conselho: sentir o que acontece no mercado de vinhos. Se você ouvir os representantes de vendas e distribuidores, você percebe que eles estão seis meses atrás do mercado. Quando vai diretamente ao varejista ou dono de restaurante, você obtém dados atuais.

"Por exemplo, na semana passada, em San Francisco, quatro dos principais restaurantes tinham menos de 25 por cento das mesas ocupadas. São restaurantes de qualidade, e eu verifico com eles seu nível de ocupação toda semana. Com base nesses telefonemas, sei que, dentro de quarenta e cinco a sessenta dias, eles vão pedir menos vinho aos distribuidores e, dois meses depois, estes vão pedir menos vinho a nós. Sem isso, daqui a duzentos dias, estaremos vendo gráficos que mostrarão uma queda nas vendas, quando já vai ser tarde para reagir." Mondavi faz provavelmente quinze chamadas por semana para as principais cidades do país, o que lhe permite ter uma visão razoavelmente precisa dos mercados. "Isso me faz saber que as coisas estão seguindo o curso previsto, ou me avisa com antecedência que é melhor verificar se nossas promoções e outras atividades planejadas serão suficientes para realizarmos nosso planos."

Mesmo as decisões de curto prazo tomadas por Michael têm conseqüências de longo prazo. Na realidade, a base essencial de todas as suas decisões está nos planos de longo prazo. É essa perspectiva voltada para o futuro, em que as decisões não estão sujeitas à pressão dos relatórios trimestrais, que distingue a liderança da mera administração. Esta última tende a concentrar-se no curto prazo, enquanto a primeira tem de levar em conta a perspectiva operacional como um todo, estando voltada para aquilo que pode e vai ser feito no futuro.

A maior decisão que Michael e sua família tiveram de tomar em apoio a essa filosofia foi a de recomprar seu negócio. Eles foram sócios da Rainier Brewing Company, de Seattle, até a compra desta pela Hamms. Ser parte de uma *holding* não era o que os Mondavis tinham em mente.

Eles contrataram uma firma de consultoria em administração e pediram aos seus contadores para ajudar. Os Mondavis ainda possuíam 50 por cento das ações com direito a voto na fábrica e tinham algum dinheiro para investir. Eles queriam saber se deviam investir em outros negócios para diversificar seu portfólio ou recomprar alguns negócios da família. Tanto os consultores como os contadores recomendaram que não investissem mais em vinho, por ser um ramo que exigia investimentos intensivos de capital. A sugestão era de comprar coisas como *shopping centers* e prédios residenciais.

A família se reuniu para deliberar. Falaram sobre o assunto e decidiram. A decisão foi apoiar a fábrica de vinho. Eles basearam sua decisão em quatro fatores. Em primeiro lugar, queriam ser uma empresa de capital fechado. Em segundo, gostavam do estilo de vida do negócio de vinhos. Em terceiro, sua estimativa do crescimento e do potencial do ramo excedia a de seus consultores. Por fim, eles descobriram que não entendiam nada de gestão de portfólios nem de imóveis. O que sabiam fazer era plantar uva, produzir vinho e anunciar e vender vinho para obter lucros. Michael relembra: "Ao conseguir dos outros uma contribuição e ao avaliar as coisas com eles, fomos formulando mentalmente quais eram as nossas capacidades, os nosso pontos fracos e os nosso pontos fortes, bem como o que queríamos fazer." E decidiram ater-se ao que conheciam.

Tendo recomprado a empresa, eles puderam tomar a próxima decisão de longo prazo. Consideraram os objetivos gerais da família e, apesar algo parece muito fácil, começo a olhar ao redor para descobrir o que há de errado." Mas uma dessas decisões foi em tudo a correta. Ela remeteu Michael de volta à noção de que a primeira perda é a melhor.

Em 1990, um problema devastador surgiu sem aviso. A ameaça era um pulgão chamado *Phylloxera*. Trata-se literalmente de um piolho que se esconde bem fundo no solo e se alimenta dos sistemas de raízes das videiras. Ele está voltando a ameaçar toda a indústria norte-americana de vinho, que movimenta 3 bilhões de dólares. Há pouco mais de um século, ele quase destruiu a indústria vinícola no mundo inteiro.

A única maneira de combatê-lo consiste em substituir as videiras por novas plantas com raízes capazes de resistir ao ataque. Quando o problema apareceu em 1990, poucos plantadores compreenderam de fato o perigo que corriam as regiões de Napa, Sonoma, Mendocino e Lake. Mondavi levou menos de dez dias para passar da idéia de que não havia problema à percepção de que se tratava de uma ocorrência devastadora. Ele tomou uma audaciosa decisão. A família gastou 1 milhão de dólares comprando novas mudas menos de dez dias depois de ouvir a notícia do surgimento da praga. Michael queria ter a certeza de que eles disporiam do estoque, das variedades e da qualidade de mudas de que necessitavam para sobreviver nos três ou quatro anos seguintes. Ele tinha plena consciência de que a empresa teria de substituir as vinhas infectadas pelo *Phylloxera* por plantas novas capazes de enfrentar a tormenta.

"A preocupação era", diz Mondavi, com os campos já seguros, "que, se não estivéssemos entre os primeiros a comprar mudas, depois não haveria um número suficiente para nos fornecer as variedades necessárias a um trabalho de qualidade." Eles compraram as mudas e tomaram posse delas, em vez de comprar para entrega futura. Isso teve como objetivo evitar que multinacionais gigantescas como a Nestlé e a Heublein, que possuíam vinícolas, pudessem aparecer e comprar toda a produção, deixando os concorrentes sem condições de conseguir mudas resistentes.

"Tínhamos de garantir a nossa proteção para o caso de elas virem a agir assim. Agora as multinacionais poderiam comprar o terreno, as instalações e os negócios, mas as plantinhas eram nossas." Essa decisão intuitiva e rápida pode ter custado aos Mondavis muito dinheiro, mas salvou uma considerável fortuna diante do que eles poderiam ter perdido quando os outros produtores da região se dessem conta do tamanho do problema. Talvez as coisas não tivessem sido assim caso eles não estivessem conscientes de que a primeira perda é a melhor perda.

Foi uma decisão tomada, sem sombra de dúvida, em favor da futura geração do negócio. E Mondavi se apressa em assinalar: "As futuras gerações do negócio não são apenas a família imediata, mas também as futuras gerações de empregados." A organização Mondavi sempre reconheceu e respeitou o valor de seu pessoal.

"Tudo se resume às pessoas", diz Mondavi. "Tentamos operar com um relativo grau de descentralização. Por exemplo, não digo ao nosso vice-presidente de *marketing* e vendas se ele pode ou não fazer certo tipo de promoção de vendas." Michael faz comentários e o VP os leva em conta. Mas ele sabe que, se discordar de Michael e decidir agir como planejou, este não vai impedi-lo. Michael entende que o VP está mais envolvido com as operações cotidianas e compreende mais os detalhes do que ele. "Como seu modo de agir tem funcionado excelentemente, fico muito à vontade para confiar no seu discernimento", diz ele.

"Todos se olham no espelho e se acham capazes de tomar as melhores decisões", afirma Mondavi em tom de confidência, "quando na verdade há muitas pessoas que conhecem melhor os detalhes e têm mais informações nessas áreas do que eu. É muito importante delegar a decisão a quem compreende a filosofia e a direção do negócio para decidir. E temos visto repetidas vezes que eles tomam excelentes decisões."

No jargão do esquema Just-in-Time, da Qualidade Total, isso é conhecido como apoiar o "Trabalhador Pensante". Segundo essa noção, a inteligência e a criatividade estão igualmente distribuídas por toda a organização. Elas não são apanágio do primeiro escalão.

Integrar essa metodologia à estrutura de uma organização não é tarefa fácil, mas não há melhor método de motivar o envolvimento do empregado com as operações da empresa. Como deixa claro Mondavi: "Toda grande decisão tem uma parte animadora e ao mesmo tempo frustrante: há momentos em que você sabe o que quer fazer, mas em que, se prosseguir sozinho e fizer aquilo que pensa, muitas pessoas não vão apoiá-lo para tornar a sua ação bem-sucedida. É preciso passar por um processo de aprendizagem, de discussão e de troca de idéias para aprimorar os detalhes da decisão a partir dos elementos fornecidos pelas pessoas que estão envolvidas com ela. Você não pode aparecer e dizer, unilateralmente: Essa é a direção que vamos seguir e quero vocês todos sintonizados."

Lew Allen, ex-diretor do Laboratório de Propulsão a Jato da NASA/ Caltech, vice-diretor da CIA e ex-diretor da Agência de Segurança Nacional, tem muita experiência nessa área e concorda com Mondavi: "É importante que eu tome decisões gestadas e desenvolvidas de modo que a organização possa levá-las a efeito e se disponha a fazê-lo. Decisões tomadas dentro das paredes de um escritório têm algo de fútil, caindo sobre a organização de uma forma que esta não está preparada nem motivada para executar. Em muitas das decisões mais difíceis que já tomei, minha preocupação não era só chegar a uma decisão sábia, mas também [chegar] a uma decisão que pudesse ser executada. Isso às vezes significa que a decisão tomada não é a que eu pessoalmente penso que é a melhor mas aquela que é necessária para fazer que o sistema organizacional se empenhe para implementá-la diretamente."

Segundo Allen, isso requer igualmente que se faça o processo decisório descer pela hierarquia organizacional. Ele crê firmemente na idéia de "fazer a liderança advir dos níveis hierárquicos mais baixos da organização". Ele descobriu que é a partir dessas fileiras de trabalhadores pensantes que uma empresa ou organização deve buscar respostas acerca dos pontos fortes e fracos de suas decisões.

Como compreende todo líder organizacional, deixar que os outros tomem decisões significativas e implementar e apoiar essas decisões é algo que envolve de imediato as pessoas com a organização. Um negócio bem-sucedido depende não somente do que é produzido, mas também das pessoas que produzem. "As pessoas dizem que estamos no negócio do vinho", observa Mondavi. "Estamos no negócio das pessoas. E se pudermos levar os trabalhadores e funcionários a se envolver com o processo decisório diário, ensinando nosso pessoal a ter consciência do processo de pensamento, eles serão mais úteis para si mesmos e muito mais úteis para nós."

As palavras de Mondavi não são apenas da boca para fora. Quem entrar nas instalações de Oakville, por exemplo, verá diaristas trabalhando em grupo, resolvendo problemas no dia-a-dia. Verá também sessões de treinamento que apresentam aos trabalhadores as mais novas idéias sobre como dirigir com mais eficiência suas operações, assim como programas de incentivo que honram suas realizações. Não se trata de decisões organizacionais enunciadas numa análise formal do negócio, mas da implementação da idéia de fazer negócios ouvindo as pessoas, seguindo os elementos que elas fornecem e confiando naquilo que elas sabem. Como diz Mondavi: "Trata-se da coisa mais lúcida que podemos fazer pela saúde a longo prazo do negócio."

5

MARGARET LOESCH
A COISA CERTA NA HORA CERTA

Eu não acredito... eu sei.

C.G. Jung

No mundo dos Smurfs azuis, das tartarugas verdes, dos Tiny Toons e dos Baby Muppets, não há ninguém que se compare com Margaret Loesch. Aos quarenta e cinco anos, Loesch (pronuncia-se "lésh") é conhecida como "a Rainha dos Desenhos Animados". Além disso, ela é conhecida como vice-presidente da Fox Children's Network — a única mulher presidente de uma grande rede de televisão nos Estados Unidos. Ela fica atrás da mesa em tom escuro porque é a melhor. E é a melhor porque, quando chega a hora de tomar decisões difíceis, ela arrasa repetidas vezes a concorrência. Como? "Eu ouço", diz ela.

Responsável pelo desenvolvimento e pela produção de mais de cem séries e especiais infantis para a televisão, Loesch tem de fato uma notável capacidade de ouvir seu público e de estar em sintonia com ele. "Tento obter o máximo de informações possível sobre um assunto. Busco o conselho de pessoas que respeito. Por vezes é um problema, porque fico com vontade de mergulhar de cabeça, mas eu me obrigo a ouvir. Então absorvo os elementos e, sendo sensível a tudo o que se acha à minha volta, alguma coisa dá um estalo lá dentro e decido o que fazer."

Esse estalo não vem do nada. Ele é produzido pelo conhecimento que Loesch tem da área, de suas opções, das pessoas com quem ela está trabalhando, e das possíveis repercussões da decisão. "Tomar pequenas decisões é fácil. Elas são espontâneas. Mas as grandes decisões me deixam um tanto confusa em decorrência da importância que têm. Em última análise, faço o que acho que é melhor. Digo literalmente a mim mesma: 'O que você de fato pensa, Margaret? O que sente mesmo? Você ouviu todas essas coisas. Você está com essa sensação porque o presidente da empresa ou a equipe pensa isso ou aquilo?' Eu tenho sempre de seguir o meu instinto. Todos os erros que cometi nesse negócio decorreram do fato de eu não fazer isso."

No momento de tomar a decisão difícil, "não podemos ter medo. Quer dizer, podemos, mas temos de estar dispostos a arriscar", acredita ela.

A carreira de Loesch em Hollywood começou com sua disposição de arriscar. Ela cresceu em Pass Christian, Mississípi, pouco acima de Nova Orleans, mais distante de Hollywood do que pode sugerir a simples distância. Essa pequena cidade do golfo, que foi residência do presidente confederado Jefferson Davis, é obviamente bem menor e menos movimentada do que a vizinha Nova Orleans.

Pass Christian não era grande o bastante para a disposição de Loesch. Tendo saído da escola, ela conseguiu emprego numa corretora de títulos e valores. "Eu pensava que era boa, mas não devia ser, visto que, quando me demiti, o chefe de pessoal me disse: 'Deixe-me dar-lhe um pequeno conselho. Você devia estar em outro ramo, algo que lhe permitisse ser mais criativa.'"

Segundo ele, Margaret era nova no ramo da corretagem e queria mudar as coisas de maneiras não-tradicionais. "É algo que assusta as pessoas quando você lida com o dinheiro delas", disse-lhe ele. "Você deve estar num negócio em que possa promover novas idéias."

Loesch refletiu, empacotou suas coisas e foi para a Califórnia. Estava sem dinheiro e sem emprego, e descobriu que ninguém queria contratá-la. Finalmente, desesperada, ela voltou à corretagem e conseguiu uma boa oferta. Ela seria caixa assistente, função que lhe renderia cerca de 1000 dólares mensais.

Dois dias antes dessa oferta, uma amiga sugeria que ela procurasse emprego nas redes de televisão. Ela perguntou: "E o que sei de redes de televisão?" Apesar de sua falta de credenciais, ela tentou. Foi até a CBS em Hollywood e perguntou ao chefe de pessoal se havia um programa de treinamento em administração. O homem com quem ela falou respondeu: "Todas as nossas garotas começaram como datilógrafas."

Com um sorriso de quem riu por último percorrendo-lhe o rosto, ela diz: "Nunca vou me esquecer. Nunca fui muito feminista, mas todas as nossas *garotas*? Era um homem terrível, asqueroso." Mesmo assim, desesperada, ela disse que aceitava. E veio o teste de datilografia.

Loesch era boa datilógrafa até fazer o teste. O homem a levou a uma salinha com um grande relógio de parede que marcava de modo bem ruidoso os segundos. "Eu fazia o teste e olhava aquele relógio, tic-tac, tic-tac, tic-tac... Escrevi dezoito palavras por minuto antes de eles contarem os erros. Foi terrível. Ele voltou e disse: 'Não nos procure mais.'"

Uma hora depois, ela tinha uma entrevista na ABC. Naquela chuvosa tarde de dezembro em Los Angeles, ela cruzou a cidade em seu Chevy 54 emprestado. "Eu me sentia muito mal, pois aquele homem me fizera parecer uma caipira do Mississípi." Na ABC as coisas foram diferentes. Ela conheceu Ruth Avery. "Jamais a esquecerei. Ela foi tão delicada! Contei-lhe minha experiência na CBS. Ela ficou tão indignada que falou: 'Bem, vamos dizer que você escreveu 40 palavras por minuto.' E foi o que ela escreveu no formulário. Fiquei morrendo de medo. Pensei: 'Ó meu Deus, eles vão me pegar.'"

Avery disse a Margaret: "Veja bem, creio que você tem um bom potencial. E acho que, se quiser começar como escriturária, poderá haver oportunidades para você." Mais uma vez, ansiosa e animada, Loesch foi para a entrevista com o chefe do departamento telefônico da ABC.

No mesmo dia em que ligaram para falar do cargo de caixa, Margaret recebeu o telefonema de Ruth Avery da ABC dizendo que ela conseguira o cargo de escriturária pelo magro salário de 350 dólares por mês. Ela seguiu o que a intuição lhe dizia, desistiu de ganhar 1000 dólares mensais e aceitou o emprego na ABC. "Eu nada sabia sobre televisão. O pai da família com a qual eu estava ficou horrorizado. Por que eu fizera aquilo? Por puro instinto. Algo me dizia que era melhor mudar de rumo."

Como parte anedótica dessa história, Loesch nunca esqueceu Ruth Avery. Quando se tornou presidente da Marvel Productions, ela decidiu escrever-lhe uma carta de agradecimento. Ela disse a Avery: "Você sabe que é graças a você que sou agora presidente da Marvel; se você não tivesse visto alguma coisa especial em mim, se não tivesse me encorajado e me dado aquela oportunidade, eu provavelmente não teria chegado aonde cheguei. Nunca vou me esquecer de você. Sou muito grata pelo que você fez."

Avery respondeu. A carta dizia: "Cara Margaret, eu na verdade não me lembro de você. Mas estou muito contente..." Então Loesch percebeu que Ruth Avery provavelmente dizia a todos que havia neles alguma coisa de especial. "Eu pensava que ela se referia especificamente a mim. Imaginava que, toda vez que lia meu nome no jornal, ela chorava, mas ela sequer se lembrava de mim. Isso de certo modo me pôs no meu lugar."

Loesch raramente esquece o seu lugar. Cinco anos depois de ter assumido o cargo no departamento telefônico (em 1971), ela era gerente de produção do departamento de filmes da ABC. A NBC a atraiu para dirigir seus programas infantis das manhãs de sábado. Ela não entendia nada de televisão para crianças, mas sentiu que essa seria uma boa mudança. Como vice-presidente de televisão infantil, Loesch levou a NBC ao primeiro lugar.

Quatro anos depois, Joe Barbera a levou para a Hanna-Barbera, na época os principais produtores do ramo. Loesch logo retornaria à NBC e venderia a seu *protégé*, Phyllis Tucker Vinson, um pequeno desenho infantil que se passava numa cidadezinha de pequenos seres azuis. O resto é história dos Smurfs.

Com seu sucesso na Hanna-Barbera, Loesch consolidava seu papel de gênio residente da H-B. "Eu me sentia nas nuvens na H-B. Ocupava uma posição maravilhosa e não tinha queixas." Então, outra oportunidade lhe apareceu. A Marvel Productions, subsidiária da famosa Marvel Comics e das criações de Stan Lee — como *Flash Gordon, Capitão América, Mandrake* e *Homem-Aranha* — procurava um novo presidente e queria Loesch. O emprego significava uma redução de salário, trabalhar numa empresa menor e menos conhecida e menor credibilidade. Sua intuição começou a lhe falar alto e claro.

Enquanto ela pesava os prós e contras, sua secretária, Barbara Song, entrou em seu escritório e disse: "Margaret, tranqüilidade não significa crescimento." Dando a volta, ela saiu da sala. Todas as razões que Loesch arrolava lhe diziam para não aceitar o cargo. Mas a razão nada tinha que ver com isso. Ela seguiu a intuição e foi para a Marvel. Em dois anos, triplicou o faturamento bruto da empresa e a transformou numa das três maiores firmas de animação do país. Ela o fez em parte com a ajuda de mais uns amiguinhos, os *Muppet Babies* de Jim Henson. Em seu primeiro ano na casa, a Marvel ganhou três Emmys. Loesch era um sucesso fenomenal.

E veio a negociação. Foi um verdadeiro romance. A Disney, rainha da animação, de *Branca de Neve* a *A Bela e a Fera*, procurou a Marvel em busca de subsídios para a animação na televisão. Se já houve um casamento perfeito no mundo do desenho animado, ali estava ele. Essa foi a reação de Loesch. Era uma coisa muito evidente.

Loesch levou os executivos da Disney para seu escritório chique e moderno. As paredes eram de um confortável tom cinzento e as cadeiras e o sofá davam ao ambiente um ar de perfeição. Nada estava fora do lugar. As luzes eram refinada e apropriadamente fracas — moderadas com um sentido de elegância, como a própria Margaret.

As discussões começaram. A Disney definiu sua posição. Nunca tendo trabalhado com animação para televisão, eles procuravam a Marvel porque esta tinha experiência com a produção nessa área; a Disney tinha o dinheiro e as idéias. A proposta era formar uma parceria. Era uma oportunidade maravilhosa. Nas palavras de Loesch: "Eu podia sentir o sucesso." Aquilo representava a credibilidade instantânea.

De repente, as manchetes tomaram conta do setor de negócios e dos jornais: "Marvel e Disney se associam!" "Disney na TV com a Marvel!" Loesch agora podia entrar no escritório de qualquer rede e vender programas com um simples bom-dia. A sociedade traria dinheiro e produtos para a empresa, além de facilitar grande número de negociações com as redes. A Disney *precisava* da Marvel. Loesch sabia que as duas firmas podiam trabalhar juntas. Ela também sabia que um número demasiado grande de egos fortes não trabalharia bem em conjunto nessa situação; porém, tendo um forte controle sobre si mesma, decidiu que isso não seria um problema.

Com o progresso das negociações, Margaret podia ver que a Marvel se envolvera nas discussões por motivos corretos. Contudo, algumas informações que vinha obtendo da Disney começaram a se opor à sua percepção inicial.

"Posso me lembrar do dia em que tomei essa decisão", diz ela. "Eu sentia grande ansiedade. Estava tensa, preocupada. Mas também tinha uma sensação de verdadeira calma. Desisti do negócio. Cheguei à conclusão de que, em última análise, o que eles queriam não era o que mais atendia aos interesses da minha empresa, embora soubesse que politicamente seria uma maravilha. Mas a associação não era favorável aos interesses de longo prazo da Marvel. O curto prazo era fantástico, mas a longo prazo provavelmente ficaríamos à sombra da Disney e estaríamos ajudando a criar e a estabelecer uma nova credibilidade para a Disney às nossas custas."

Seu nervosismo nesse dia, contudo, não estava relacionado com dúvidas acerca de ter tomado ou não a decisão correta. Decorria do fato de ter de ligar para os chefões da empresa em Nova York. Ela tinha de dizer-lhes que estava dizendo "não" à Disney e ouvi-los dizer: "Margaret, você perdeu o juízo?" Enquanto isso, as redes diriam: "Você está louca, Margaret, dispensou a Disney?" Ela já ouvira antes essas vozes questionando sua intuição. Quando por fim fez a ligação, sua calma decorria da convicção pessoal de estar coberta de razão. Essa certeza acabou com seu nervosismo. Tratava-se de uma decisão que todo o estilo e todas as cadeiras redondas vazias de seu escritório presidencial não a podiam ajudar a tomar. Era uma decisão inteiramente sua.

A Disney terminou por entrar na TV infantil com outra empresa. Tanto a empresa de Loesch como as redes pensaram que ela havia enlouquecido, mas depois começaram a perceber. À medida que o relacionamento entre a Disney e seu parceiro se desenvolveu, ficou claro que o sentido intuitivo de Loesch com relação ao potencial do negócio tinha sido absolutamente impecável.

"Quando tomo uma decisão", diz ela, sentindo a força das suas decisões bem-sucedidas, "tenho de pensar se ela é compatível com o plano de longo prazo definido para a empresa. Em geral, na televisão, as decisões têm pouca relação com as estratégias de longo prazo e muita relação com tapa-buracos e com o cumprimento de prazos finais. É a mentalidade reativa, de combater o fogo em vez de tentar evitá-lo, que mata a visão criativa. Não há tempo para sentar e ponderar sobre o futuro. E a coisa não pára por aí: para muitos executivos da televisão, o tempo médio de permanência no emprego é de uns dois anos; sendo assim, surge o tipo de atitude: "Para que fazer planos de longo prazo se dentro de alguns meses você vai estar trabalhando em outro lugar?"

Esse não é o caso de Loesch. Ela tem um claro sentido de onde quer que a companhia esteja em um ano, em três anos e em cinco anos. "Tenho de ter a certeza de poder encarar o processo do dia-a-dia e dizer a mim mesma 'Espere um pouco, será que perdi o rumo? Ainda quero atingir x em cinco anos. O que faço hoje que me leva para mais perto desse objetivo?'"

Há no processo de decisão de Loesch outro importante fator — sua disposição de cometer erros. "Essa disposição de cometer erros diminui os erros que cometo."

O doutor Joseph Wheelwright deixa claro: "A intuição de forma alguma acerta em 100 por cento das vezes, mesmo quando altamente bem-desenvolvida. Ela precisa ser submetida a uma verificação. Se não fizer isso com ela, você estará pedindo para ter problemas. E, com os diabos, você com certeza os terá."

Os erros atingem todos. Ninguém está livre de um telefonema desastroso, de uma avaliação errônea de dados ou de um simples engano na interpretação dos sinais. Porém, por mais frustrante que isso possa parecer (sem dúvida poderia haver uma maneira mais fácil e menos cruel), nós aprendemos com nossos erros. Não é tão surpreendente, em conseqüência, que o modo como as pessoas se readaptam e se recuperam dos próprios erros desempenhe um papel importante na determinação de seus êxitos futuros.

Os motivos pelos quais se cometem erros são tão variados quanto as próprias decisões que os determinaram. Para um tomador de decisões intuitivo como Loesch, vem invariavelmente um momento em que é preciso decidir e a capacidade intuitiva parece ter ido embora. Seu sentido mais experiente e confiável foi viajar sem deixar endereço e sem dizer quando pretende voltar. "Você tenta ser lógico, considerar tudo o que ouviu e ponderar a respeito: se eu fizer x, vai acontecer isso; se eu fizer y, vai acontecer aquilo."

Para quem tem de decidir, essas épocas podem ser terríveis. As decisões começam a dar errado e, por mais que se insista, não se obtêm respostas. Como explica Gordon Davidson, da Mark Taper Forum: "Não creio que seja tanto um sumiço da intuição quanto a instalação de uma desordem no plano daquilo que você acha que quer fazer. Isso pode ocorrer por causa das circunstâncias, por falta de preparação ou por falha de imaginação." Há inúmeros motivos para cometer erros; contudo, quando a técnica que você sempre usou de súbito o abandona, as decisões podem de fato ficar sem parâmetro.

Robert Schoenberg acredita que "uma modesta profusão de erros é, na verdade, um indício bem-vindo de saúde organizacional". "É preciso desconfiar", diz ele em seu livro *The Art of Being a Boss,* "quando ninguém num grupo comete erros. Quando não se tropeça, provavelmente é porque se está imóvel."

De acordo com Schoenberg, errar gera frutos maravilhosos na mente; é algo que faz as pessoas se darem conta de que têm de agir de outra maneira, têm de voltar e reexaminar o processo. Quando as coisas vão mal, as pessoas se acautelam com mais rapidez, o que termina por levá-las a tomar melhores decisões. Para o tomador de decisões intuitivo cuja intuição tirou férias, reexaminar o ponto em que o processo se desestruturou tem extrema relevância caso se queira voltar a confiar na função intuitiva.

Além disso, é preciso ver os erros no seu contexto. Schoenberg conta a história de um executivo da Pillsbury que foi chamado ao escritório do chefe depois de cometer um erro de meio milhão de dólares. Sentado lá, olhando para os pés, o executivo podia sentir o cutelo prestes a se abater sobre o seu pescoço. O chefe começou a falar com ele de novos projetos e de novas idéias. E ele de repente não entendeu mais nada. Olhando para o chefe, ele perguntou: "O senhor não vai me demitir?"

O chefe replicou: "Demitir? Nem pensar! Acabo de gastar meio milhão de dólares para ensiná-lo!" E o mandou fazer um seminário de três dias chamado "O Que Acabamos de Aprender Sobre o Que Nunca Devemos Fazer Outra Vez".

O Edsel, da Ford Motor Company, é talvez o exemplo clássico da história dos negócios norte-americanos em que a pesquisa, a oportunidade e a intuição fugiram juntas pela janela. Num anúncio de jornal publicado em 1957 no "Dia E" (o dia em que o Edsel foi apresentado ao mundo com a maior campanha publicitária já vista), Henry Ford II, o presidente da empresa, e Ernest R. Breech, o presidente do conselho, se puseram ao lado do novo rebento com o orgulho e a dignidade de quem é pai pela primeira vez. O texto do anúncio explicava como o próprio Ford chegara à decisão de produzir esse carro inovador: "A partir do que sabíamos, imaginávamos, sentíamos, acreditávamos, suspeitávamos, sobre você — VOCÊ é a razão que está por trás do Edsel."

Dois anos mais tarde, em 19 de novembro de 1959, e com 350 milhões de dólares a menos no banco, Ford interrompeu a produção do seu Edsel. A revista *Time* o caracterizou como "o carro errado, para o mercado errado, na hora errada".

Ford pode ter sabido, imaginado, sentido, acreditado e suspeitado de certas coisas sobre o seu público, mas com certeza estava enganado. Como pode a intuição ter fracassado de modo tão flagrante? Apesar das afirmações em contrário da empresa, a preparação foi deficiente, a pesquisa tardia e a execução lamentável — todos os ingredientes necessários para que a clara visão intuitiva se visse toldada pelo mar de rosas das falsas esperanças e da preparação inadequada. Embora a Ford Company tenha permanecido ilesa pelo malogro do Edsel, tal como ocorreu com todos os indivíduos pessoalmente envolvidos na decisão, todos eles provavelmente poderiam ter se inscrito no seminário da Pillsbury.

Para Loesch, reconhecer os falsos indícios e produzir programas que façam sucesso na televisão é algo que requer uma capacidade intuitiva de combinar todo o senso de oportunidade, a determinação de tendências, a negociação e a sorte que a pessoa possa reunir. A produção para a TV é tão enlouquecedora quando lucrativa. Se um elemento estiver fora de esquadro, tudo vem abaixo. Mas assim é o ramo do entretenimento.

Loesch já viu esses problemas surgirem tanto do lado da platéia como do palco. "Você tem de estar disposto a aceitar a responsabilidade pelo fato de a decisão tomada poder estar errada", afirma ela. "Sempre pergunto: 'Qual a pior coisa que pode acontecer? Alguém vai pegar um revólver e me matar?' Não. Descobri que tendemos a cometer menos erros se nos dispomos a arriscar."

Isso não quer dizer que ela não tenha cometido erros. Loesch ri quando se lembra de uma das piores decisões que tomou na vida: "Vendi meu Fusca seis semanas antes da crise do petróleo. Foi de fato uma coisa estúpida."

Como diz Ray Brown em *Judgement in Administration:* "Podemos contar as pessoas como estatísticas, mas não contar que elas se comportem como tais. Os problemas humanos só podem ser resolvidos à maneira humana. Isso faz da intuição um acessório extremamente valioso para o discernimento de um administrador." Trabalhando a partir de sua própria humanidade e daquela de seus funcionários, Loesch pode superar os distúrbios que os erros costumam provocar mesmo quando o desaparecimento temporário da intuição for a possível causa da calamidade.

Dar espaço aos erros é essencial tanto para sermos humanos como para tomar decisões bem-sucedidas. É claro que o ponto de vista desde o qual os erros são considerados também tem importância. Como afirmou James Joyce em *Ulisses:* "Um homem de gênio não comete erros. Seus erros são voluntários e constituem os portais da descoberta." Ou seja, não existem problemas; há apenas desafios de aperfeiçoamento. A intuição não prescinde de aperfeiçoamento. Tal como ocorre em todos os campos, quanto mais usamos o processo, tanto melhor se torna a nossa capacidade de usá-lo.

Confiar numa resposta criativa que não passou pelo teste da realidade requer confiança na sensação que as coisas provocam em nós. Esse é o lado emocional da intuição. "Muitas vezes", diz Margaret, "sinto que tenho de separar meu instinto imediato, humano e emocional, das minhas decisões. Mas há ocasiões em que digo: 'Seja o que Deus quiser, mas vou deixar minhas emoções aflorarem.' A intuição tem para mim um caráter marcadamente emocional."

No tocante a isso, Loesch crê que as mulheres do mundo dos negócios têm uma ótima vantagem: elas em geral estão mais próximas das próprias emoções do que os homens das suas. "O que é um negócio senão um grupo de pessoas trabalhando juntas? Seguir a intuição permite que suas emoções afetem as decisões que você toma, de modo que você responde a tudo de modo bem honesto.

"Creio que toda pessoa que se torna demasiado analítica e presa aos dados das pesquisas despreza efetivamente algo importante: as pessoas. Você tem de poder levar isso em conta e confiar. E isso costuma ser algo muito emocional e intuitivo."

Loesch também quer que as pessoas com quem trabalha personifiquem essas qualidades intuitivas. "Procuro pessoas que mostrem sabedoria. Para mim, sabedoria é uma combinação de experiência e da capacidade intuitiva de resolver problemas. Não quero ninguém que aja por impulsos e não se prepare para o trabalho. Especialmente no nosso ramo de negócios. As pessoas dizem: 'Oh! Fiz por intuição. Faço tudo por intuição.' Considero isso um comportamento pobre e medíocre da parte de um executivo. Procuro alguém que tenha uma compreensão geral de sua função, verdadeiro conhecimento e experiência, combinados com uma certa polidez e cortesia. Busco essa sabedoria porque as pessoas que a têm são capazes de enfrentar praticamente qualquer situação. Elas são dotadas de uma força e de uma flexibilidade interiores passíveis de resolver qualquer impasse."

Nem sempre sair de situações difíceis é um esforço de grupo. Depois que tudo já foi sugerido, pesquisado, reafirmado, negado, reestruturado e examinado de vários pontos de vista, ao longo de um certo período de tempo, a decisão costuma ser do chefe. É em momentos como esse que Loesch tem de sair do escritório. Sua fuga favorita é dirigir seu carro. Em Los Angeles, percorrer as estradas cheias de carros pode ser um ambiente estranho para a reflexão, mas é fácil ligar o piloto automático e começar a ruminar idéias. É um momento em que simplesmente se deixa que o cérebro processe as informações. É também um momento em que Loesch ouve. Ela consegue algo semelhante quando faz suas caminhadas. "Ando alguns quilômetros por dia para conservar a saúde mental e é durante esse tempo que as coisas ficam cristalinas para mim. Posso ouvir o que os meus instintos me dizem. Descobri que é muito perigoso perder o contato com aquilo que a minha intuição me diz."

Isso se aplica em especial à sua função de presidente de uma rede de televisão para crianças. Houve época em que a TV infantil era o filho bastardo das redes. Era algo que elas tinham de fazer, mas ninguém levava muito a sério. Hoje, com a TV a cabo e o surgimento da Fox de Loesch, com sua atitude agressiva, esse mercado tornou-se incrivelmente difícil e competitivo. Essa luta constante nem sempre permite que Loesch tome as decisões mais populares; ela deve decidir em favor daquilo que acha que é certo.

Sua ida para a Fox Children's Network foi uma dessas decisões. "Vir para a Fox foi muito traumático para mim. Não foi uma mudança que eu mesma tenha procurado." Ao longo de seis anos na Marvel, a empresa passara pelas mãos de três diferentes proprietários. Margaret estava sendo chamada cada vez mais para justificar a existência da Marvel junto a banqueiros e compradores.

Foi um período sobremodo frustrante para Loesch. Ela estava sendo afastada da produção e forçada a tratar dos objetivos de curto prazo dos vários proprietários, cujo único interesse era revender a empresa. Apesar dos distúrbios que atingiam a Marvel, ela ainda tentava manter a qualidade dos produtos, que era afinal o elemento que tornara a companhia interessante para ser comprada. Foi nessa época que tomaram forma concreta os rumores do surgimento da Fox Children's Network. Loesch marcou uma reunião com o presidente da Fox, Jamie Kellner. Ela propôs que a Marvel, sendo uma das principais produtoras de programas televisivos infantis, vendesse seus produtos para a Fox.

Durante uma de suas várias reuniões com Kellner, este lhe perguntou se ela conhecia um executivo capaz para dirigir a Fox. Ela fez algumas sugestões, sem considerar a si mesma. Tendo um emprego de que gostava, ela se sentia bem-sucedida e estava tranqüila. Nem mesmo lhe ocorrera sugerir seu próprio nome. Mas isso ocorreu a Kellner, que lhe ofereceu o cargo. "De repente, eu ouvi Barbara Song: 'Tranqüilidade não significa crescimento.'"

Mais uma vez, a opção significava menos dinheiro, mas desta feita a situação era diferente. A Fox queria trabalhar para o mercado infantil e queria que ela fosse uma executiva criativa. "Temos um certo limite em termos financeiros", disse-lhe Kellner. "Mantenha-se dentro do orçamento e você será responsável pela criação dos programas." Já eram passados dez anos desde que ela deixara a NBC.

Ela se mudou para a Fox, do outro lado da cidade, em março de 1990. Vinha de uma organização em que seu tempo era consumido controlando focos de incêndio. Mas não fora isso que a fizera decidir-se. Como ela explica: "Na Fox, o incêndio era generalizado. Entrei em março e eles nos queriam no ar em setembro." De acordo com todos os padrões da indústria, isso era virtualmente impossível. Um desenho animado de trinta minutos requer quatro meses de produção. A ordem era: entre no ar de qualquer maneira.

Confiando em sua experiência, seu instinto bem sintonizado e muito trabalho duro, Loesch e sua equipe fizeram o impossível. Ela também percebeu que a entrada no mercado da televisão infantil com os mesmos ingredientes de sempre não daria certo. Loesch sabia que a Fox não podia ser mais uma igual a tantas. A primeira leva exibida pela Fox apresentou alguns dos desenhos mais estonteantemente criativos da TV. "Zazoo U" foi criado pelo poeta Shane DeRolf, e programas incrivelmente populares como "Bobby's World", "Beetlejuice" e "Tiny Toon Adventures" tornaram a Fox Children's Network a número um. Os desenhos eram extremamente bons e as crianças os adoravam.

É a disposição de ser diferente, de confiar no impulso intuitivo, que se tornou a marca do sucesso de Loesch. Seu mais recente sucesso na Fox teve precisamente essas características. A Warner Brothers lhe levou um programa, um drama animado, que a intuição de Loesch sentiu que teria excelente receptividade. A oposição vinda das emissoras afiliadas e até de pessoas de sua equipe foi a maior que ela já vira. Eles julgavam o programa demasiado sombrio, negativista, demasiado estilizado e demasiado dramático. Loesch sabia que era arriscado, mas todos os seus instintos indicavam ser aquele o tipo certo de risco. O programa era "Batman". Na estréia na Fox, no outono de 1992, ele superou até as expectativas de Margaret: veio a ser o campeão de audiência dos programas infantis diários.

A experiência de Loesch a tem feito retornar repetidas vezes à noção de que "tranqüilidade não significa crescimento". E, para ela, o crescimento é essencial quando a pessoa quer ser um melhor tomador de decisões. "Fui ficando mais disposta a ouvir, a seguir o instinto, a aprofundar meu contato comigo mesma. Também desenvolvi uma filosofia que começou quando trabalhei na Hanna-Barbera com Peyo (o criador dos Smurfs) e continuou com Jim Henson (os Muppets). Uma única pessoa pode fazer a diferença. É preciso se assegurar de que o visionário que há por trás da idéia encontre seu caminho, porque ela nunca vai dar certo a não ser que a pessoa concretize essa idéia." Sabendo que é dotada dessa capacidade e sendo capaz de reconhecê-la nos outros, Loesch transformou uma incipiente rede de televisão infantil no principal inovador do campo. Além de inovar, em menos de três anos ela fez da Fox a principal rede de televisão infantil. A número um das manhãs de sábado — e de segunda a sexta. Esse é um fato que agrada sobremaneira a Margaret Loesch.

Como assinalam seus colegas, quando o assunto é televisão infantil, "Margaret sabe".

6

ROBERT PITTMAN
UM CAMINHO NÃO-CONVENCIONAL

O homem comum não poderá tomar consciência dos processos mentais mais profundos enquanto "aqueles que sabem" negarem a sua existência.

Joseph Chilton Pearce

Quando criou a MTV, Robert Pittman estava disposto a saber algo que as outras pessoas ainda não tinham percebido. Ele estava disposto a contrariar a sabedoria convencional, pois sabia que tinha uma idéia que revolucionaria o mercado de gravação e de televisão. E como sabia? "Passo muito tempo considerando as questões mais amplas — o que vem acontecendo no mundo", diz Pittman em seu escritório no vigésimo sétimo andar do Rockefeller Center, em Nova York. Sentado em sua cadeira de couro preto de encosto alto, por trás de sua escrivaninha de tampo de mármore, ele aconselha, no entanto, que "pesquisar não é traçar diretrizes. São as pessoas que fazem as diretrizes; a pesquisa apenas responde a algumas perguntas. No final do dia, a decisão vem de dentro de nós."

Aos trinta e sete anos, Pittman é diretor-executivo e presidente da Warner Enterprises e presidente do conselho e diretor-executivo da Six Flags Entertainment. Apesar de sua juventude, ele passa a vida colecionando sucessos. Sua chegada às alturas começou quando ele tinha apenas quinze anos e fez sua primeira grande jogada como *disc-jockey* em tempo parcial no seu estado natal, o Mississípi.

Ele usa óculos de aros de metal e tem uma aparência bem-comportada, limpa, num pronunciado contraste com seus dias de *hippie*, de barba

89

e cabelos compridos. Mas sua paixão por motocicletas velozes, aviões e helicópteros e pelo alpinismo (que requer cordas, polias e grampos) o mantém firmemente com os pés na juventude. Pittman construiu um império a partir de sua juventude e do ataque consciente ao *status quo*. Os meados da década de 1970 foram uma época em que muitas pessoas da geração de Pittman estavam se encontrando. Ele se encontrou depois de passar por Jackson (Mississípi), Milwaukee (Wisconsin), Pittsburgh (Pensilvânia) e uma estação de música *country*, a WMAQ, numa cidade não tão *country*, Chicago (Illinois). Nesse momento da história, a música *country* saíra do limbo mas ainda não tinha causado impacto na cidade grande. Pittman percebeu que a sabedoria convencional que sempre vendera esse gênero de música simplesmente não daria conta do recado na Second City (Chicago). Veio-lhe uma idéia — um quadro completo. Ele viu que boa parte de sua audiência potencial estava ouvindo rock em vez de música *country*, e decidiu fazer a WMAQ soar exatamente como uma estação de rock, só que tocando música *country*. Ele levou para o rádio todas as grandes promoções milionárias apresentadas pelas estações de rock em todo o país. A exclamação "A WMAQ Vai Me Fazer Ficar Rico" foi ouvida sem parar em todas as emissoras locais de televisão. "O pessoal do ramo pensou que eu fosse o Anticristo tentando destruir sua indústria", diz Pittman. "Mas a WMAQ se tornou a estação de música *country* número um dos Estados Unidos, e todos começaram a copiar o nosso formato." Num único período de verificação de audiência, a rádio pulou do 22º lugar para o 3º no mercado de Chicago.

Com um bloco de anotações à frente, uma tela de computador à direita e três prateleiras cheias de equipamento de vídeo às costas, Pittman está preparado para registrar toda idéia que lhe ocorra. Recorrer à intuição é para ele uma questão de livrar-se dos "antolhos do pensamento convencional. Você pára de ouvir os especialistas, o modo como todos dizem que você deve fazer as coisas. Se eles estão lhe dizendo como fazer, por que será que ainda não fizeram?

"Acho que o pensamento convencional serve para proteger o *status quo*. Para sacudir a situação vigente, você tem de inventar algumas abordagens radicais." A seu ver, o maior inimigo dos negócios são as pessoas dizendo "Não é assim que se faz" ou "Nunca fizemos desse jeito antes". Esta é uma atitude que inibe imediatamente o pensamento criativo e a capacidade de resolução de problemas: "Nunca vi a solução de um problema vir do pensamento convencional. Em quase todos os ramos que conheço, as maiores inovações sequer passam perto do pensamento convencional."

Pittman é um rematado inimigo do *status quo*. Ele sente que as pessoas têm problemas para apresentar idéias incomuns porque, de modo geral, têm de vendê-las a alguém. E a pessoa que as vai comprar chama um consultor que verifica o mercado vigente (tradução: a sabedoria convencional) e volta dizendo: "Não, você não pode fazer isso assim." Diz Pittman: "Se você for empregado de uma organização, talvez a melhor coisa que você possa fazer seja dizer não, porque não vai querer ter problemas. Infelizmente, o que isso faz na maioria das organizações é criar em sua estrutura uma atitude contrária à inovação."

Pittman encontraria um aliado no ex-governador da Califórnia e três vezes candidato à presidência Edmund G. "Jerry" Brown Jr.: "Considero importante ter uma perspectiva, uma visão do mundo contemporâneo. Disso derivo o meu curso de ação. Essa perspectiva se torna um critério, um sentido ecológico geral de que somos todos parte de um sistema mais amplo e que não devemos buscar apenas o nosso próprio bem-estar, mas perceber que esse bem-estar está vinculado com o bem-estar dos outros. E assim criamos em nós um sentido de integralidade. Essa é a meta.

"Ora, a aplicação disso é a inclusão de uma diversidade de pessoas. E, naturalmente, nesse processo você vai encontrar conflitos. Você vai deparar com incompreensões. Vai ter uma sensação superficial de incoerência quando alguns dos antigos padrões forem ameaçados por não estarem funcionando em prol de todas as pessoas na sociedade."

E como Pittman age para combater o desejo de apego ao que é seguro, ao já feito, ao "verdadeiro"? Tal como Brown fez na Califórnia, ele estabelece uma cultura e um ambiente propícios à criatividade e à inovação, cultura e ambiente que honram o intuitivo. "Um número impressionante de grandes soluções vem de idéias enunciadas da primeira vez como brincadeira. É dita alguma coisa que faz todos rirem; contudo, numa segunda consideração, vê-se que há algo substancial ali. O germe de uma idéia pode vir a ser a solução perfeita para um problema devastador. Caso tivesse sido somente objeto de riso, a solução criativa poderia ter sido perdida para sempre."

Gordon Davidson, diretor artístico da Mark Taper Forum, de Los Angeles, refere-se à receptividade às respostas intuitivas e criativas como a "fornalha fundamental das idéias. Tudo o mais acontece depois que o metal quente, liquefeito, vai saindo dessa fornalha".

Pittman quer encorajar as pessoas a acenderem essa fornalha. "Quero que as pessoas de fato falem sobre as coisas e nunca sintam que vão ser ridicularizadas por lançar uma idéia incomum."

O *brainstorming*, quando feito adequadamente, constitui um método poderoso para ativar o conhecimento. Fazê-lo da maneira correta significa não censurar nenhuma idéia que surja, anotar todas as respostas, sem comentários, reconhecer a contribuição das pessoas e estimular e desencadear o poder criador de todos os presentes. Seja em grupo ou como processo individual, essa técnica pode desencadear o processo criador inicial do ser humano. Facilitar esse processo numa organização requer uma atmosfera em que as pessoas se sintam tranqüilas para utilizar de modo pleno suas potencialidades intuitivas e de imaginação. Pittman credita a Steven J. Ross, falecido presidente do conselho e diretor-executivo da Time Warner, a criação desse ambiente. "Isso faz parte da nossa cultura aqui. Ninguém é demitido por ter cometido um erro, porque o fato de não se estar errando indica que você não está tentando fazer nada de novo."

Ele se lembra de reuniões de que participou com outros executivos, cujos subordinados disseram "Tive uma grande idéia". Antes de a pessoa acabar de dizer qual era a idéia, o executivo já tinha dito "Isso nunca vai funcionar". Momentos como esse deixam Pittman furioso. Como líder, ele acredita que tem de encontrar uma maneira de levar o executivo a não dizer "Isso nunca vai funcionar". A seu ver, os processos criativo e analítico são dois sistemas completamente distintos que não devem ser misturados. "Primeiro vamos ver como pode funcionar para depois dizer que não funciona. Deixemos o 'não vai funcionar' como um último recurso." Ele usa o artifício de apresentar objeções sem tirar conclusões. Como fazemos essa idéia funcionar com a nossa atual estrutura de preços? Como fazer que as pessoas entendam essa idéia? Isso pode suscitar as objeções de alguém a uma idéia, mas deixando margem a que o autor responda. Por outro lado, não há como responder a uma conclusão do tipo "isso não vai funcionar".

Pittman diz: "Estamos todos contemplando idéias. Elas podem ser estranhas. Por vezes, podemos não saber se vão dar certo. Mas temos de correr o risco. Espero que, na minha administração, eu possa dar continuidade a isso, de modo que continuemos crescendo constantemente."

Transformar idéias estranhas em incríveis sucessos tem sido o forte de Pittman. Em 1979, ele foi para a Warner Amex Satellite Entertainment para desenvolver o Movie Channel [um canal de filmes]. Em 1981, na qualidade de diretor de programação, examinou o macromundo e permitiu que sua intuição o guiasse. Como afirmou Carl Jung, a intuição é a nossa capacidade de perceber possibilidades, de ver o quadro como um todo, ao mesmo tempo que damos atenção à situação local.

O que Pittman viu foi uma geração de jovens que tinha crescido adorando televisão e rock. Ele também se apercebeu de que, para muitos jovens, o rock não era um mero entretenimento, mas uma identidade cultural. Eles estabeleciam o que eram a partir da música que ouviam. Pittman opina: "Vá a um concerto de rock, seja ele qual for, e você vai ver que quase todo o público tem a mesma aparência. Eles vestem as mesmas roupas porque o artista representa um fator unificador para a sua cultura. O público que gosta de rock pesado usa *jeans* rasgados, jaquetas, cabelos longos e desgrenhados e é composto essencialmente de homens. O *rap* é o equivalente urbano do rock pesado. Todos eles significam alguma coisa.

"Compreendendo isso, tentamos casar, na MTV, o rock e a TV. O erro que as pessoas cometeram no passado nessa área foi o de tentar fazer a música se enquadrar no formato da TV. A televisão é basicamente uma forma narrativa que conta uma história. O que sabíamos era que, para a música ter sucesso nesse meio, precisávamos mudar a forma da TV a fim de adaptá-la à música.

"Precisávamos de uma atitude que definisse o produto, uma estrutura unificadora que abarcasse tudo. Definiríamos essa atitude com nossa aparência visual, nossas promoções, a música que iríamos tocar e nossa publicidade. Foi isso que tornou a MTV incomum, diferente e bem-sucedida." Os vídeos musicais não eram novidade; já vinham sendo produzidos há três ou quatro anos. De acordo com Pittman, "ninguém tinha conseguido decifrar o código e descobrir como torná-lo bem-sucedido". Quer dizer, até ele ter chegado com unhas e dentes ao seu alvo.

O que Pittman fez foi demonstrar um sentido inato de liderança. Algo imediatamente reconhecível pelas pessoas que estão no topo. James MacGregor Burns escreve em seu livro monumental, *Leadership*, que, para ser um líder eficiente, é preciso ser capaz de se comunicar com pessoas de formações, temperamentos, interesses e atitudes amplamente distintos uns dos outros. Ele observa que "o elemento-chave do processo pode não ser nem a mensagem nem o meio, mas a fonte e o alvo".

A sabedoria convencional com relação à MTV tachou Pittman de louco. Em primeiro lugar, havia dúvidas a respeito da sobrevivência da TV a cabo. Em segundo, não era certo que os anunciantes fossem com-

93

prar espaço nela. Como assinala Pittman, "há na indústria da publicidade uma regra segundo a qual só se compra espaço para anúncios de exibição nacional se o programa tiver ao menos um 'três' no nível nacional de audiência e cubra ao menos setenta por cento do país. Mesmo hoje, nenhuma emissora a cabo consegue isso". Ele e seu pessoal tiveram de reescrever o procedimento de compra de espaço na TV, além de convencer a indústria fonográfica de que produzir vídeos musicais aumentaria as vendas de discos, fitas e CDs.

A gênese da MTV foi uma decisão inteiramente intuitiva de Pittman. De repente, tudo ficou óbvio demais. "Eu tinha vinte e sete anos de idade. Era tão ingênuo que sabia que iria funcionar." Ele faz uma breve pausa, refletindo acerca do arriscado caminho que trilhou dez anos antes. "Creio que, se começasse hoje, eu questionaria alguns pontos. Tivemos de derrubar muitas barreiras para ter sucesso." Vencer esses obstáculos exigiu uma incrível capacidade de liderança; no jargão de Marshall McLuhan, Pittman teve de enviar a mensagem, vender o meio, identificar a fonte e atingir o alvo. Com a MTV, acertou na mosca.

Reunir pessoas em torno dessa idéia e fazer dela um sucesso pedia mais que um conceito bem formulado — pedia liderança. Na parede do escritório de Pittman há fotografias suas com os presidentes Reagan e Bush. Mas o presidente com o qual ele estaria mais sintonizado em termos filosóficos é Franklin Roosevelt. Burns assinala que este último tinha uma aguda capacidade intuitiva de apreender as necessidades e a motivação dos membros do seu gabinete e chefes de órgãos do governo. Burns escreve: "Uma de suas inúmeras técnicas — difícil para um homem que adorava falar e dominar a cena — consistia simplesmente em ouvir, compreensivo, aqueles que punham para fora seus temores sombrios e suas frustrações (muitas vezes causadas pelo próprio presidente). Ele sabia como persuadir uma pessoa por meio da argumentação, outra pelo charme, outra ainda pela exibição de autoconfiança, mais uma pela lisonja e outra mais por meio de um conhecimento enciclopédico." O antigo mentor de Pittman no rádio, Charlie Warner, sem dúvida concordaria em lhe atribuir esses predicados. Num artigo de 1989 para a *Gentleman's Quarterly,* Warner disse: "[Pittman] tem uma daquelas mentes muito raras que é a um só tempo analítica e criativa." Isso era evidente em 1972, quando Warner o encontrou em Pittsburgh. "Já naquela época", acrescenta, "ele sabia ganhar."

Pittman acredita muito na ação, no ato de decidir rápido. Na verdade, não há para ele muita diferença quantitativa nem qualitativa entre decisões tomadas com rapidez ou depois de um longo período de tempo. Mas descobriu que: "Se você demorar muito tempo para decidir e tomar a decisão errada, vai ser preciso um tempo enorme para se livrar do abacaxi. É a decisão errada que permanece em vigor por tempo demais que cria os verdadeiros problemas." Ele verifica que, se se inclina a tomar decisões rápidas, a organização pode reconhecer com rapidez os erros e mudar.

Essa abordagem de passos rápidos e de ação desenfreada é a base da filosofia de Pittman — se temos de caminhar, comecemos logo a fazê-lo. Não vamos ficar aqui parados e examinar a questão até a hora da morte. Esse hábito é conhecido em muitas empresas como a paralisia através da análise. Agir com rapidez a partir de boas informações tem extrema importância, porque, como já foi dito, ao contrário do bom vinho, a boa informação não envelhece bem. Ou, nas palavras de Lee Iacocca, ex-presidente da Chrysler Corporation: "Se você esperar, quando agir seus fatos estarão obsoletos, porque o mercado não ficou parado. [...] Em algum momento, você vai ter de dar um salto de fé. Em primeiro lugar, porque mesmo a decisão certa é errada se tomada tarde demais. E, em segundo, porque, com relação à maioria das coisas, a certeza é algo que não existe."

Ainda mais fatal para a organização é ter pessoas dos seus quadros defendendo conscientemente decisões erradas. Isso costuma acontecer porque essas pessoas têm a certeza de que serão sacrificadas se tomarem uma decisão errada. Como reitera Pittman: "Para que haja confiança numa organização, é preciso que as decisões erradas não signifiquem que você é a pessoa errada."

E, como disse Margaret Loesch: "Quanto maior a sua disposição para cometer erros, tanto menos erros você comete." Isso é certo tanto no nível pessoal como no organizacional. Pittman com certeza demonstrou isso.

Se você acabou de fazer trinta anos e tem nas mãos um dos mais bem-sucedidos novos conceitos de TV no ar, para onde você vai? A Time Warner deu a Pittman a Nickelodeon. Quando ele embarcou, essa rede infantil em processo de naufrágio era conhecida no ramo como o "canal espinafre"*. A rede era aprovada pelas Associações de Pais e Mestres,

---

* N. do R.: Alusão ao fato de as mães norte-americanas costumarem obrigar seus filhos a comer espinafre, alimento que as crianças via de regra detestam.

endossada pela Associação Nacional de Educadores, amada pelos pais — e detestada pelas crianças: um enorme fracasso.

Pittman percebeu que aquilo que funcionara com a MTV, criar uma atitude que reflita o seu público, também daria certo com a Nickelodeon. Ele começou a falar com o pessoal da organização e descobriu Gerry Laybourne, a encarregada da compra de programas, cujo sentido do não-convencional era compatível com o dele. "Acho que minha intuição fica melhor quanto maior o número de informações que colho. Mas, para mim, tudo é intuição, especialmente no tocante a decisões sobre pessoas. Mentimos uns para os outros quando dizemos que contratamos alguém porque a pessoa era de fato boa ou tinha as respostas certas. Isso é enganação. A pessoa entra na sua sala e você tem ou não tem uma boa impressão dela. Freqüentemente você vai formando uma opinião antes mesmo de ela abrir a boca."

Pittman reconheceu intuitivamente que Laybourne tinha um espírito semelhante ao seu. Ele lhe passou o encargo de descobrir o que agradava às crianças e, depois, organizar um canal que refletisse as atitudes e perspectivas delas. Ao radicalizar o visual e o conteúdo da Nickelodeon, ela perdeu alguns pais, educadores e presidentes de Associações de Pais e Mestres, mas conseguiu muitíssimos espectadores infantis. A Nickelodeon atirou fora o espinafre, comprou literalmente lama verde e o número de espectadores subiu como um rojão. Isso se deve ao fato de a apresentação e a atitude criadas por Laybourne para a Nickelodeon refletirem os telespectadores da emissora. Seu sucesso fez brotar muitas imitadoras no negócio da televisão infantil.

Pittman ainda não estava satisfeito com a Nickelodeon. Toda noite, às oito, a estação saía do ar e o transmissor era alugado ao canal Arts & Entertainment. Ele se pôs a trabalhar. O transmissor era da Nickelodeon e ele sentia que podia fazer algo que valesse mais do que o milhão e meio de dólares que a Arts & Entertainment pagava.

Eles tiveram uma idéia baseada nas atitudes de uma outra geração — aquela que crescera assistindo "Leave it to Beaver", "The Donna Reed Show", "Oh, Susannah" e "Car 54 Where are You?" Na época, era comum que esse pessoal se reunisse só para jogar "curiosidades da TV". Qual era a música-tema de Donna Reed? Posso vê-la descendo as escadas distribuindo lanches. Ou qual era o nome do cachorro em "My Three Sons"? Pittman e seus colegas decidiram pegar todos esses programas antigos e, em vez de levá-los a sério, colocaram-nos num canal que iria

96

tratar a televisão com ironia. Eles o denominaram "TV para a Geração TV". Assim nasceu "Nick at Night". Custou meio milhão de dólares por ano para levar ao ar, mas os dólares dos anunciantes entraram num montante vastamente superior.

Se a imitação é a maior modalidade de lisonja, qual o nome que se dá quando a pessoa imita suas próprias conquistas? Foi exatamente isso que Pittman acabou fazendo graças a um concorrente de certa importância, Ted Turner. Turner decidiu imitar a MTV e lançar sua estação de videomúsica. Sua intenção era fragmentar o público da MTV. Pittman e a equipe puseram-se a pensar. Se havia espaço para Turner, conjeturaram, obviamente haveria para mais uma rede de videomúsica. E eles seriam capazes de fazê-lo com menos gastos, pois podiam reduzir os gastos vinculando-a com a MTV. Disso nasceu a VH-1.

Turner conseguiu no início cerca de 400.000 assinantes para a sua estação, ao passo que a VH-1 alcançou dois milhões. Turner desistiu trinta e quatro dias depois.

Na qualidade de diretor-executivo da Time Warner Enterprises, Pittman é responsável pela unidade de planejamento estratégico e desenvolvimento da Time Warner Inc. Está a cargo dessa unidade criar ou adquirir ativos que dêem pleno uso aos bens da Time Warner. Um de seus grandes projetos foi a aquisição e reestruturação dos parques "Six Flags".

Mais uma vez, foi considerando o quadro geral, dando-se conta das mudanças que iriam ocorrer no comportamento do consumidor, que Pittman descobriu essa nova oportunidade. No final dos anos 1980, ele e seu pessoal começaram a pensar em qual seria a tônica da década de 1990. Pittman já sabia que a tendência do país era determinada pelas pessoas que haviam nascido na época de grande explosão de nascimentos. E essas pessoas tinham passado boa parte dos anos 1980 constituindo famílias. Com esses dados, ele voltou à sua abordagem aprovada pela prática.

"Os parques de diversão são o entretenimento familiar perfeito fora de casa." Os parques Six Flags são instalações amplas, espalhadas por todo o país. Ao fazer sua pesquisa, Pittman descobriu nos parques o que acredita ser um ativo oculto. Os Six Flags nunca tinham se tornado uma marca nacional. Subitamente, Pittman estava concorrendo com a Disney, iniciando uma campanha publicitária de 30 milhões de dólares que proclamava que os parques Six Flags são "maiores, mais rápidos e mais próximos" do que os da Disney, o que era a mais absoluta verdade. Por exemplo, a Space Mountain da Disneylândia corre a uns 50 quilômetros por hora, enquanto a montanha russa Shock Wave dos Six Flags tem uma velocidade média de 100. A intuição de Pittman acertou novamente. Em 1992, o primeiro ano em que foram dirigidos por ele, os parques tiveram um faturamento recorde, mesmo em plena recessão.

Pittman sempre assume o controle de negócios que não vão bem ou estão começando e toma decisões que representam uma radical mudança de orientação. "Toda decisão que tomo se baseia na intuição."

Com o fortalecimento dos Six Flags, ele agora está pensando no futuro, o que o está levando para o mundo da televisão interativa. Sua teoria tem como fundamento a experiência e uma arguta apreensão dos dados de que ele dispõe. "A razão por que a TV foi um sucesso estrondoso nos anos setenta e oitenta foi o fato de todos nós que crescemos assistindo TV termos ficado adultos e mantido esse hábito. Quando se introduz tecnologia na vida das pessoas, é preciso introduzi-la numa época em que elas estão aprendendo sobre o mundo, ou seja, aos cinco, seis ou sete anos de idade. Se você tenta introduzir uma nova tecnologia começando por alguém com a minha idade, o resultado será a mera incorporação superficial dessa tecnologia, que nunca vai ser plenamente integrada. O que vimos no ramo da televisão foi o surgimento dos filhos da TV. Não queríamos quatro canais; queríamos cento e cinqüenta. Se você perguntasse aos meus pais se eles queriam TV a cabo, eles iriam dizer: 'Querido, eu nem consigo ver os quatro que tenho agora.' Se você me perguntasse, eu diria: 'Pode apostar!' A próxima geração, que vem por aí, é dos filhos do computador, que cresceram com aparelhos de vídeo e Nintendos. Para eles, a televisão é isso."

Com essa idéia em mente, Pittman foi adiante. "A próxima grande indústria que vai usar a TV", diz ele, apontando para uma foto do filho pequeno que está na sua frente, "é o mundo da TV de acesso livre. A TV que você pode controlar e alterar."

Pittman denomina esse processo de tomada de decisões "pensar grande". Essas idéias podem lhe ocorrer quando ele menos espera: quando está correndo de moto na estrada, no chuveiro ou simplesmente deitado na cama. "Não posso lhe dizer quantas vezes acordei no meio da noite com uma idéia na cabeça e tive de anotá-la. Essas coisas são tão fugidias que, se eu não fizer isso, elas desaparecem. Depois que anoto, posso editar a idéia, melhorá-la e dar-lhe uma forma viável." A caldeira foi acesa.

Pittman viaja com seu bloco e uma vez por semana reescreve o que anota nele. Ele faz isso mesmo que não altere nem uma letra do que escreveu originalmente. Isso lhe permite concentrar-se outra vez em cada ponto e manter todos eles vívidos em sua mente. Ele revê sua lista antes de reuniões de planejamento, reuniões com executivos ou sempre que fica sozinho por alguns minutos. Ao manter esses problemas, idéias e tópicos ao alcance da mão, ele está sempre pedindo à sua intuição que apresente uma solução. E ele ouve as sugestões, pouco importa o momento ou o lugar onde esteja. Ele está preparado para receber uma resposta. "Quando tiver uma idéia, dê-lhe atenção."

Pittman aplica esse mesmo processo intuitivo ao lidar com pessoas. "Acho muito importante que, se você for o tipo de líder que tem grande respeito pelos outros, você compreenda quem são eles e de que precisam, de modo que possa atender às suas necessidades. É irreal esperar que as pessoas trabalhem para você se elas não estiverem obtendo algum rendimento psicológico, algum sentido de auto-satisfação e alguma recompensa a partir daquilo que estão fazendo." Parte da responsabilidade de Pittman como diretor-executivo da Time Warner Enterprises é garantir que seu pessoal receba doses regulares desse rendimento psicológico. Para um administrador, é vital intuir essa necessidade, visto que ela costuma ser uma compensação bem mais valiosa do que o dinheiro.

Kazuo Inamori, fundador da Kyoto Ceramics, consideraria encorajadora a filosofia de Pittman. "Creio que há uma coisa que os homens de negócios norte-americanos podem aprender estudando o comportamento dos homens de negócios japoneses. Os homens de negócios japoneses dirigem as pessoas valorizando o coração."

Reconhecer e distribuir essas recompensas interiores aos colegas e funcionários é algo que gera frutos prodigiosos. As pessoas querem trabalhar para alguém que lhes dê toda a liberdade criativa que exigem. Com muita freqüência, as empresas mantêm os funcionários sob rédea curta. Mas os líderes não dirigem apenas por meio de ordens; eles também o fazem pelo exemplo. Diante disso, não admira que o respeito, a criatividade e o sucesso inspirados pelos próprios processos interiores de Pittman o tenham levado ao topo da hierarquia da Time Warner aos trinta e sete anos de idade. Alimentado pela força do não-convencional, ele inevitavelmente confia na própria intuição.

7

HAROLD WILLIAMS
OS CAMPOS DO PETRÓLEO E DAS PINTURAS

Devemos ver tudo o que tivermos a oportunidade de ver; porque, na vida, nem todos têm uma chance e ninguém tem duas.

Sard Harker

Quando deixou a presidência da Securities and Exchange Commission [Comissão de Títulos e de Câmbio] para tornar-se presidente da Fundação J. Paul Getty, Harold Williams estava sendo levado para supervisionar a mais abastada organização de arte depois dos Médicis. Foi um desafio que ele aceitou de bom grado.

À beira da Rodovia da Costa do Pacífico, em Malibu, Califórnia, fica o Museu J. Paul Getty. Fiel reprodução feita a partir das plantas da Vila dos Papiros, de Herculano (a original foi destruída pela erupção do Monte Vesúvio que também soterrou Pompéia), o museu repousa ali calma e pacificamente.

Dirigir essa fundação era uma tarefa que Williams queria instintivamente. O propósito essencial dos investimentos da fundação seria o de comprar obras de arte para o museu, área na qual Williams tinha pouca experiência. Contudo, ele é uma pessoa que aprende rápido. Norton Simon, que anos antes tinha dado a Williams o cargo de presidente de sua organização, disse que, aos vinte e seis anos, ele "sabia mais sobre legislação tributária do que a maioria dos advogados veteranos e mais sobre contabilidade do que qualquer contador da empresa".

Hoje, a Fundação J. Paul Getty vale 3,9 bilhões de dólares — a mais abastada fundação do mundo. Aos sessenta e quatro anos, Williams aprendeu a confiar em sua percepção intuitiva quando decisões estão em jogo, tendo sido discípulo, bem no início de sua carreira de negócios, de um verdadeiro mestre: o industrial e magnata da publicidade Norton Simon. Ele credita a Simon, a quem descreve como "um homem tremendamente brilhante que tem um instinto incrível", ter causado no seu crescimento pessoal mais impacto do que qualquer outra pessoa.

Esse ex-presidente da Securities and Exchange Commission e ex-reitor e professor de administração da Escola de Pós-Graduação em Administração da Universidade da Califórnia, Los Angeles, recorda-se de uma conversa telefônica com Simon que, trinta anos depois, ainda está vividamente impressa na sua memória. Williams tinha trinta e poucos anos e trabalhava para Simon. Este estava enfrentando um problema difícil, que Williams julgava poder resolver. Ele disse a Simon o que achava que ele devia fazer.

Houve silêncio do outro lado da linha. Williams ficou à espera. E o homem disse, numa voz suave e triste: "Harold, você não pode imaginar como eu me sinto sozinho."

A resposta de Williams foi imediata: "Claro que posso." Mas ele não entendia o que Simon queria dizer. Só anos depois, quando o próprio Williams estava no comando, ele veio a compreender a solidão inerente ao salto decisivo. O único instrumento que um tomador de decisões tem à mão nesse momento é sua intuição e seu sentido de si mesmo.

A coragem de dar esse salto decisivo é encontrada naquele lugar solitário em que já não é possível acrescentar nem subtrair nenhuma informação. Só resta agir. É esse lugar solitário que distingue os que têm sucesso dos que se mantêm. Michael Maccoby chama estes últimos de "carreiristas"; trata-se daqueles que tentam avançar seguindo o caminho mais seguro, pessoas cujas decisões não se baseiam num sentido de vocação, mas apenas num sentido de carreira. O carreirismo, diz Maccoby, "resulta não apenas em constante ansiedade como também num coração subdesenvolvido. Abertamente preocupado em adaptar-se aos outros, em fazer propaganda de si mesmo, o carreirista trai a si mesmo, visto ter de ignorar impulsos idealistas, compassivos e corajosos que poderiam prejudicar-lhe a carreira".

Esse nunca foi o padrão de Williams. Certa vez, ele deu alegremente uma sugestão a Simon. Este lhe perguntou porque ele gostava da idéia, e ele disse: "Eu apenas sinto que ela é boa."

101

Simon não queria ofender o jovem Williams, mas não deixou de dizer: "Sabe, Harold, se alguém tiver de dirigir esta empresa por intuição, terá de fazê-lo pela *minha* intuição."

Quando deixou a empresa de Simon, ele voltou à sua *alma mater*, a UCLA [Universidade da Califórnia em Los Angeles], e foi dirigir a Escola de Comércio. Quando saiu de lá para presidir a SEC [Securities and Exchange Commission], sete anos depois, Williams tinha elevado a escola de uma entre muitas a uma das melhores.

Williams evidentemente sabia como agir no universo dos negócios, da educação, da política e do dinheiro. Passar a dirigir o que começou como uma fundação com capital de 700 milhões de dólares para um museu era algo acerca de que ele tinha uma idéia. Porém, o fator decisivo foi o fato de o cargo representar um novo e estimulante desafio: ele iria aprender sobre um mundo em que a paixão costuma vencer a prudência, o mundo da arte. Mal sabia ele que, estando à frente da fundação, seu primeiro papel seria muito mais semelhante ao de herói de uma novela de televisão do que ao de líder respeitado do mais rico museu do globo. Nem se deu conta de que seria o catalisador do que viria a ser uma das maiores e mais controversas transações empresariais da história norte-americana. Essa transação viria a aumentar o capital de sua fundação de 700 milhões para uns 3,9 bilhões de dólares.

Essa foi a quarta mudança importante de cargo que ele fez por vontade própria numa carreira que o levara de uma firma de advocacia em Los Angeles para as empresas de Norton Simon, destas para a UCLA, de onde ele foi para a Securities and Exchange Commission e, desta, para a Fundação J. Paul Getty. Ele confiou no seu relógio interior, que lhe disse: "É hora de mudar." Williams se lembra de quando disse ao notável Norman Cousins, seu amigo, que o relógio interior o impelia a aceitar a oferta da UCLA, embora isso representasse um corte de 80 por cento no salário. Cousins o advertiu: "Harold, tem horas que a roda só gira uma vez."

Onze anos depois, no fim do período que passou na SEC, ele seguiu novamente o instinto e aceitou a presidência da Fundação J. Paul Getty depois de ser altamente recomendado por Franklin D. Murphy, ex-chanceler da UCLA. Williams escreveu a Cousins: "A roda girou de novo."

Williams não tinha idéia de para onde a roda terminaria por levá-lo. Ele se viu envolvido num drama em que todas as personagens tinham papéis principais. Havia Gordon P. Getty, filho do falecido J. Paul Getty, e agora o homem mais rico dos Estados Unidos. Ele era o único administrador da fortuna da família e controlava 40 por cento das ações da Getty Oil. Vinha em segundo lugar Sidney R. Petersen, presidente da Getty Oil. E, em terceiro, o próprio Williams, que controlava 12 por cento da Getty, a segunda maior *holding*.

Não era segredo que Gordon estava em conflito com a administração da Getty. Ele era contra a diversificação no ramo de seguros e de TV a cabo. Seus reais interesses, no entanto, eram a música e a ópera, e não os negócios, mas ele logo começou a entoar uma canção diferente. Circulavam boatos sobre dissensões nas reuniões do conselho da Getty.

A maioria dos analistas de ações tinha consciência de que as ações da Getty vinham sendo subvalorizadas há algum tempo. Williams também sabia, mas o que ele podia fazer? Petersen começara a procurar alternativas, sendo uma das possibilidades a emissão de mais ações, o que iria diluir o poder combinado de Getty e do museu. Essa sugestão foi uma provocação a Gordon, que decidiu que queria mais poder na empresa. A administração se opôs a ele. Getty pediu a ajuda de Harold Williams. Ele disse a Williams: "Juntos, podemos escorraçar a administração da Getty." Dizem que Williams considerou essa idéia ultrajante!

A batalha entre Getty e a administração se acirrou, com cada qual tentando tomar as posições do outro. E aconteceu a intervenção de Harold Williams.

Com base em sua vasta experiência, ele percebeu que a primeira coisa a fazer era impor um período de cessação das agressões. Ele estava preocupado, e com razão, com a sua fundação. De acordo com a lei, ele tinha de alienar as ações da fundação, mas temia que a luta intestina atraísse a oferta de uma incorporação hostil. A Fundação J. Paul Getty não iria se beneficiar de uma tal ocorrência. Williams conseguiu impor-se a Getty e à administração, levando-os a assinar o que seria denominado o "acordo tripartite". Era, em essência, uma trégua de um ano.

Infelizmente, havia muitos furos no acordo e a trégua só durou um mês. Petersen começara a trabalhar J. Paul Getty Jr., o filho recluso do magnata do petróleo, que vivia de uma "pequena herança" e não tinha papel na empresa. A idéia era levá-lo a contestar o controle dos fundos familiares por Gordon e conseguir a nomeação de um co-administrador.

Na recordação de Williams: "Minha intuição dizia que essa era a hora de virar a mesa." Ele estava furioso com as manobras da administração. Petersen tinha enganado tanto a Getty como a ele. Williams disse a Getty que chegara o momento de agir. Juntos, eles assumiram o comando legal da companhia. Foi uma decisão que poria em andamento uma série de eventos com uma sincronia absolutamente estonteante.

Antes de tudo, Gordon e Williams tiveram de revisar os estatutos da empresa para reduzir o poder de Petersen. Na ação movida pela administração em nome de J. Paul Getty Jr., os advogados de Gordon questionaram a sanidade mental do seu irmão e acusaram os dirigentes da organização a coagirem J. Paul Jr. a tomar medidas "cujas conseqüências ele pode não ter examinado".

Enquanto isso, as ações da Getty começaram a subir. Wall Street farejava uma aquisição. A Getty Oil teve uma elevação de quatorze pontos, passando de 72 dólares por ação. E a Pennzoil entrou na jogada. Seu presidente, o persistente e obstinado J. Hugh Liedtke, fez um acordo com Gordon para iniciar uma compra das ações com poder de voto da administração que daria à Pennzoil 43 por cento da empresa e, a Gordon, 57 por cento. Liedtke oferecia 110 dólares por ação, ou 5,3 bilhões pelos 60 por cento das ações que não eram controlados por Gordon Getty.

A proposta foi apresentada ao conselho da Getty e rejeitada. O conselho sentia que a empresa valia mais. Mais tarde, nesse mesmo dia, Gordon e Liedtke voltaram com uma oferta de 112.50. Os banqueiros de investimentos que representavam o museu e Gordon Getty disseram ao conselho que esse era o melhor preço possível. O acordo foi aprovado com relutância. Liedtke e Gordon julgaram que haviam removido todos os obstáculos. Mas a sucessão de eventos que Williams pusera em movimento ainda não tinha se desenrolado por completo.

Antes de vender as ações da fundação, Williams tinha de obter a aprovação do seu conselho diretivo. Então, uma sobrinha, outra beneficiária das dotações sob o controle de Gordon, conseguiu uma liminar que bloqueava a venda até que todos os fatos fossem apresentados aos beneficiários. Na descrição da situação por Peter Nulty, da revista *Fortune*, "Liedtke e Gordon tinham, como diz o pessoal do ramo, 'acertado o buraco', ao fazer a primeira oferta. Mas enquanto a liminar estivesse em vigor, um novo jogador estava livre para entrar e dar uma tacada na bola".

E foi o que fez John McKinley, da Texaco. Ele orientou o First Boston, seu banco de investimentos, a oferecer um bom preço pela Getty. O pessoal do banco ofereceu 125 dólares por ação. A quem eles procuraram primeiro? A Harold Williams.

Williams concordou imediatamente em vender os 12 por cento das ações da fundação à Texaco. A empresa foi então procurar Gordon Getty com a mão aberta. Ele não demorou muito para avaliar a força da Texaco com as ações do museu já no bolso e o potencial de controlar 60 por cento da companhia. Ele fez sua única opção real e se tornou um parceiro pleno do acordo.

Foi uma boa idéia. A empresa foi vendida, ao que se diz, por 9,9 bilhões de dólares. A decisão intuitiva de Williams de apoiar inicialmente Gordon Getty, o que ele mais tarde admitiria que "foi um verdadeiro risco", abrira as comportas. A fundação do museu triplicara sua dotação de 700 milhões para 2,2 bilhões de dólares. Gordon Getty estava ainda mais rico. Mesmo a Pennzoil, que parecia ter ficado com o ônus da transação, terminou por se beneficiar.

Williams sempre teve inclinação para fazer os movimentos certos na hora oportuna. Trata-se de movimentos que de maneira geral põem sua organização, nesse caso a Fundação Getty, no centro da cena. Por exemplo, nem bem a biblioteca pública da cidade de Los Angeles, instalada num prédio arquitetonicamente renomado, foi devorada pelas chamas em 29 de abril de 1986, e Williams estava ao telefone oferecendo ajuda financeira ao prefeito Tom Bradley. Na semana seguinte, ele doou publicamente 2 milhões de dólares da Fundação J. Paul Getty. A McDonnell Douglas, a IBM e a Arco mais tarde ofereceram ajuda, mas a Fundação J. Paul Getty foi a primeira a aparecer em cena. Foi uma oferta que fez maravilhas pela imagem do museu numa época em que a fundação precisava da aceitação e da aprovação públicas. O novo Getty Art Center logo seria construído nas colinas por trás de Brentwood. Não se tratava de uns poucos prédios atraentes, vejam só, mas de 24 acres de edificações cercados por 742 acres de terra com uma excelente visão panorâmica de Los Angeles. O local destinava-se originalmente a uma reserva de vida selvagem. Essa "preparação do terreno" era o tipo de ação que se esperava de Williams quando ele foi nomeado presidente da Fundação J. Paul Getty.

Williams estava sinceramente preocupado com o incêndio terrível que se abatera sobre a biblioteca, mas sua mente lhe disse que não havia melhor meio de mostrar à cidade que a fundação queria ser parte importante dela. Pode-se chamar isso de intuição, pode-se chamá-lo de um forte desejo de ajudar. Seja o que for, tanto Los Angeles como a Fundação J.

Paul Getty saíram ganhando. Na época da indicação de Williams para a presidência, muitos profissionais da arte, curadores e historiadores do país franziram o sobrolho com a decisão. Mas logo, e alguns a contragosto, concordaram que ele era a pessoa certa. Williams possuía percepção, um imenso apreço pelas artes e o sentido empresarial intuitivo necessários à administração da tarefa enormemente desafiadora de dar aos substanciais recursos da instituição seu uso mais eficiente.

Em 1981, a fundação deu início a um exaustivo levantamento de um ano visando desenvolver um plano geral responsável. Williams afirmou que: "O resultado do levantamento foi a decisão de dirigir os recursos da fundação para três áreas pouco dotadas — informação, educação e conservação —, além de continuar a formar seletivamente o acervo do museu." Ele também acentuou: "O propósito primordial da Fundação J. Paul Getty é criar e gerir seus próprios programas, ao contrário de fundações que patrocinam programas alheios."

Há, como assinalou Williams, limites ao dispêndio de recursos por parte da fundação. De acordo com os novos regulamentos, só se pode gastar 4,25 por cento do valor da dotação. Todo montante que ultrapassar essa porcentagem deve ser reinvestido.

Williams concentra-se agora em tentar afastar as preocupações de pessoas da comunidade artística (artistas e colecionadores), de museus e de críticos, que temem que a fundação perturbe o delicado equilíbrio existente no campo das aquisições de obras de arte. Ele decidiu que, como é teoricamente verdadeira a afirmação de que, se de fato quiser alguma coisa, a Fundação J. Paul Getty pode obtê-la, esta sempre será um competidor responsável. Ele fixa limites ao que julga ser o valor de uma obra de arte e ao montante que a fundação está disposta a pagar. Diz ele: "Perdemos peças para outros por causa disso."

No tocante às artes em geral, Williams acredita que percepção e educação constituem a resposta. Uma de suas metas é modificar a idéia de algumas pessoas com respeito à arte — a de que ela é apenas uma atividade criativa de elite ou uma mera atividade terapêutica. Ele acha que por meio do "desenvolvimento de um bom programa substantivo de educação para as artes", as escolas podem manter as artes em seu currículo como um elemento vital, vívido e em crescimento. A seu ver, "não há civilização sem arte". Ele admite que a tecnologia e a ciência são forças poderosas, mas diz que "sozinhas [não] fazem uma civilização". Além disso, Williams está contemplando áreas de comunicação e de educação para pessoas que não freqüentam a escola. Na sua opinião, boa parte do que é hoje posto à disposição não tem eficácia. Ele observa, referindo-se aos museus, que "o que os museus fazem no campo da educação e da informação das pessoas quando elas vêm visitá-los não é tão vigoroso como poderia ser". Embora ainda não tenha a resposta, ele tem examinado formas de fazê-lo melhor.

Williams mantém o hábito de fazer três ou quatro palestras por ano acerca de questões essenciais — nem todas vinculadas com o campo da arte. "Sei o que foi dito e comentado sobre uma questão; assim, dou mais um passo e acrescento alguma coisa. O que procuro são posições e contribuições alternativas. Trata-se basicamente da maneira como os pesquisadores tendem a trabalhar e devem trabalhar." Ele reconhece que a Fundação J. Paul Getty tem a condição ímpar de poder experimentar diferentes abordagens na área da educação artística. "Esse é um empreendimento que somente uma instituição como a nossa poderia assumir. Não somos obrigados a ter sucesso em tudo. Não temos de ser populares. O governo precisa se preocupar em ter a imagem de uma instituição que pode ser tudo para todos. Nós não temos de nos submeter a eleições a cada dois anos."

Williams encara com seriedade aquilo que faz, ao mesmo tempo que se sente sobremodo estimulado a fazê-lo. Ele considera a Fundação J. Paul Getty uma maneira de causar impacto sobre a nossa cultura e a nossa educação — com ênfase especial na apreciação da arte. Como ele afirmou numa entrevista ao *New York Times*: "Parte do fermento desse lugar está no fato de ele representar vários pontos de vista. Há em cada uma das nossas atividades uma liberdade que é muito diferente da que haveria sob o museu."

Numa palestra feita em novembro de 1992 sobre "A Arte e a Excelência Educacional", Williams referiu-se a uma publicação de 1983 do Departamento Norte-Americano de Educação, "Uma Nação em Risco", que chegara à conclusão de que a qualidade da educação recebida pelas crianças dos Estados Unidos era de baixo nível. Ele lamentou: "A situação não melhorou muito desde então." Depois de discutir os atuais problemas da educação americana, afirmou: "Para enfrentar esse desafio, nossas escolas têm de preparar os jovens não somente para ser trabalhadores eficientes como também para ser pensadores criativos e críticos. O que está em questão não são apenas poucas horas na semana escolar, mas uma crença fundamental acerca do que as crianças norte-americanas precisam saber."

Williams acredita firmemente em correr riscos em nome da promoção das metas da fundação. Felizmente, esta tem condições de fazê-lo e tem se mostrado muito bem-sucedida nesse particular. Como ele diz: "Creio que o compromisso da Getty, embora limitado, pode começar a fazer uma diferença. A grande arte é uma das mais profundas e duradouras conquistas da humanidade. Sua presença enriquece a nossa vida e os valores humanos da nossa sociedade. Na qualidade de registro visual da história, a arte ajuda igualmente a entender os valores e as forças que moldaram esta e outras civilizações. Por meio dos programas que desenvolve, a Fundação J. Paul Getty deve contribuir para esse enriquecimento e para essa compreensão."

Dando forma concreta a essas palavras, a Fundação J. Paul Getty patrocina atualmente um projeto no Egito que acompanha os efeitos do meio ambiente sobre a Grande Esfinge de Gizé. Para Williams, os novos desafios constituem uma fonte de grande prazer. Em cada mudança de vida que fez, ele iniciou uma atividade que até então desconhecia e alcançou um enorme grau de excelência. A intuição tem sido um ingrediente fundamental do seu sucesso, sucesso que ele baseia em três importantes fatores — "a experiência, o autoconhecimento e o bem-estar na solidão": a essência da intuição.

8

PETER H. DAILEY
O CRIADOR DE PRESIDENTES

Para sobreviver, temos de romper a tradição.

Walt Goddard

Num belo dia de primavera em Washington, em 1970, quando as flores das cerejeiras já começavam a cair, foi oferecida a Peter Dailey, presidente da agência de publicidade Dailey and Associates, a prestigiosa — e lucrativa — oportunidade de dirigir a campanha de reeleição do presidente Nixon. Quando foi à sua primeira reunião com o ex-Secretário de Justiça John Mitchell e com Maurice Stans, que dirigiam o Comitê para a Reeleição do Presidente (CREEP), Dailey sabia que cruzara os portais do poder. Eles lhe falaram de suas necessidades e dos recursos de que disporiam, a metade do orçamento total do CREEP. Isso significava que quase 8 milhões de dólares estariam à disposição de Dailey para produzir a campanha publicitária de Nixon. Foi uma grande realização para Dailey, um belo ex-executivo de finanças, e para sua jovem agência.

Ele se reuniu imediatamente com seu contador e com seu advogado. Essa era a primeira incursão de Dailey no mundo da política e ele queria ter a certeza de que levava em consideração todos os detalhes. Eles o alertaram que seria imperativo separar sua empresa da empresa que ele montaria para dirigir a campanha presidencial. "Você tem de incorporá-la, além de submetê-la a uma auditoria a fim de proteger sua empresa."

109

Armado com esse conhecimento recém-adquirido, Dailey solicitou outra reunião com Stans, o tesoureiro da campanha, e entregou-lhe o orçamento. Constava deste 15.000 dólares para uma auditoria da Price Waterhouse. Dailey se recorda: "Estou falando com Maurice Stans." Ele faz uma pausa e se lembra, quase sem acreditar naquilo que acabou acontecendo. Olha rapidamente pela janela do seu luxuoso apartamento no vigésimo sexto andar no United Nations Plaza. Seu jeito é descontraído, gracioso, à vontade. Ele recolhe seus pensamentos e continua, acentuando o caráter respeitável do seu cliente. "Stans é um homem de negócios muito bem-sucedido, ex-Secretário de Comércio, ex-diretor da Agência de Administração e Orçamento, sendo então tesoureiro da campanha — um cavalheiro muito distinto."

"O que é isso de 15.000 dólares por uma auditoria?" — Dailey se lembra de Stans perguntar enquanto dava uma olhada no orçamento.

"Bem, meus conselheiros acham que devemos fazê-lo", responde Dailey, cautelosamente.

"Ora, nenhuma campanha política passa por auditorias. Isso é dinheiro jogado fora. Você não precisa disso", replicou Stans.

Algo disse a Dailey que não cedesse. Ele, homem de estilo direto temperado pelo charme pessoal, insistiu. Stans não entendia o problema de Dailey. Justamente quando estava para desistir porque Stans fizera a auditoria parecer irrelevante, algo o fez levantar novamente a questão. "Apesar do que você disse, ainda acho que devemos fazer a auditoria, somente para proteger a empresa."

Stans concordou. "Bem, se você de fato a julga necessária, tudo bem."

Isso aconteceu em 1970; a ética das campanhas ainda não se tornara uma questão importante. Tudo estava bem aos olhos do comitê da campanha presidencial desde que o objetivo — a reeleição do presidente — fosse alcançado. Supunha-se que a integridade dos competidores fosse suficiente. Não havia com que se preocupar; afinal, era o presidente. Quinze mil dólares por uma auditoria era, segundo o comitê, dinheiro jogado fora, mas não passava de 15 mil num orçamento de 8 milhões. Se isso deixava Dailey feliz, ótimo.

Quando o escândalo de Watergate estourou, todos se puseram a procurar as fontes do dinheiro do CREEP. Afinal, o princípio diretor era "siga o dinheiro".

Como Dailey recorda com clareza, os encarregados da investigação logo ficaram sabendo quem empregara a maior parte do dinheiro da

110

campanha: Dailey e seu grupo! "E todos caíram em cima de mim, em massa." Dailey sorri de si para si, a cena ainda vívida. "As noventa pessoas que foram trabalhar conosco já tinham voltado para casa; havíamos desmantelado a organização e todos tinham debandado. Se tivéssemos tentado elaborar os livros *a posteriori*, teria sido um desastre, e Deus sabe o que teria acontecido comigo e com a minha empresa."

Quando a inquisição chegou ao escritório de Dailey em Washington, exigindo respostas e certa de que iria encontrar mais roupa suja, ele abriu a gaveta e estendeu-lhes uma auditoria da Price Waterhouse cobrindo o período de dezembro de 1971 a dezembro de 1972 e abarcando toda a campanha publicitária. "Exigir aquela auditoria foi pura intuição. Pensei: 'Não, eu vou insistir nisso. É importante, devo insistir.' Eu não tinha como saber o que viria. Tudo não passou de intuição."

À luz dos problemas que se abateram sobre alguns dos outros membros do CREEP, o compromisso de Dailey com seus processos interiores e suas percepções intuitivas sem dúvida salvou-lhe a pele. "Nunca vou me esquecer de quando encontrei Joe Connor [diretor de operações da Price Waterhouse e auditor da empresa de Dailey]. Era abril de 1973, bem no meio do escândalo de Watergate. Ele disse: 'Aposto que você gostou daquela auditoria.' Eu falei: 'Está brincando, Joe? Foi magnífico.' E ele me perguntou: 'Você tem idéia de quanto lhe custaria fazer a auditoria se você viesse agora e nos pedisse para voltar e começar todo o processo? Não há dinheiro no mundo capaz de pagar isso.'"

● ● ●

Dailey acredita que, nas decisões, é preciso assumir o compromisso de fazer as coisas a todo vapor e até o fim. E ele o consegue mediante a sua afiada preparação mental. "Sempre que me vejo diante de uma decisão, ensaio mentalmente, visualizando os eventos no futuro e projetando-os." Depois disso, ele entrega a decisão ao seu sentido da situação. "Sempre que contrario o meu instinto", diz ele, pondo a mão no plexo solar, "tenho problemas. Posso intelectualizar um assunto até cansar o próprio demônio, mas se meu instinto me diz que minha decisão está errada, e eu resolvo intelectualmente ir em frente, em noventa por cento dos casos me vejo em maus lençóis."

A chave para Dailey é confiar que sua "busca computadorizada interior", como ele a denomina, vai conseguir a resposta certa. Sem essa coragem de manter as próprias convicções, ele crê que o processo não tem peso.

Tendo saído da campanha de Nixon não apenas ileso como também com uma conta bancária bem maior, Dailey, graças à sua experiência com questões presidenciais, teve uma segunda chance em campanhas nacionais. Foi em maio de 1980, pouco antes das últimas primárias, que ele passou a coordenar a campanha de Ronald Reagan para a Casa Branca. Reagan ainda não tinha montado uma assessoria de publicidade e dispunha de apenas um pouco de dinheiro. Dailey foi chamado para organizar todo o processo sem praticamente nenhum tempo de preparação.

Ele teve de contratar uma equipe inteira. Isso significava, na prática, montar outra agência de publicidade. Essa organização teria depois o encargo de trabalhar com 16 milhões de dólares, o dobro do orçamento de Nixon, num período de seis semanas. Esse orçamento seria comparável, guardadas as proporções de tempo, ao investimento publicitário anual de 100 milhões da Coca-Cola.

O primeiro passo foi reunir as pessoas. Dailey e sua equipe tinham de estabelecer o plano de campanha, criar a premissa fundamental de base a partir da qual Reagan teria de agir e testá-la — tudo isso ao mesmo tempo que preparavam o pacote completo para a convenção que se aproximava. A indicação nada tinha de assegurada naquele momento. Se Reagan conseguisse, seria preciso produzir os comerciais. A campanha tinha de gerar todo um plano de publicidade para ir ao ar em meados de setembro. Durante esse período, Dailey confiava constantemente no seu discernimento e na sua intuição; simplesmente não havia tempo para nenhuma outra coisa.

"A primeira certeza que tive", disse ele, "era que o segredo do sucesso estava em posicioná-lo como o chefe do executivo de um Estado do país, a Califórnia, e não fazer coisa alguma que reforçasse a percepção geral que se tinha daquele homem: que ele não era um político, mas uma figura política deslocada, alguém que era na realidade um ator. A maioria das pessoas fora da Califórnia não tinha idéia de que ele era um ótimo governador."

Dailey começou a ver alguns comerciais feitos nas primárias anteriores por outra agência. Tratava-se de um belo trabalho com uma excelente produção, mas pareciam ineficientes; davam a sensação de excesso de artificialidade. A seu ver, as peças apenas "reforçavam a impressão fundamental que muitas pessoas tinham de Reagan. Elas o vêem fazer alguma coisa em que ele é bom, infinitamente melhor do que Jimmy Carter, e dizem: 'Mas claro, ele é um ator.' Logo, em vez de captar a mensagem, o elemento essencial, elas vão ver apenas a confirmação sensível dos pontos negativos que vêem no homem".

Sua decisão foi manter o trabalho criativo simples, direto, sem muita produção e com uma elegância discreta. Essa passou a ser a premissa da campanha. Dailey e sua equipe fariam tudo para que Reagan — e tudo o que o cercava — não reforçasse a imagem negativa que muitos tinham desse ator/político.

Os comerciais se concentrariam de modo muito forte em Reagan, enfatizando o ar do candidato e seu sorriso torto ao permitir que ele falasse diretamente para a câmara. Isso deixou em pânico muitos dos assessores mais próximos de Reagan: o candidato tinha o hábito de dizer a coisa errada na hora errada. Dailey, a partir dos seus anos de jogador no Red Sanders, da UCLA, contornou o problema com um artifício clássico de desvio da atenção; ele deu início à criação de Ronald Regan, o Grande Comunicador. Optou-se por uma abordagem natural, fundada no *close-up*, que aproveitava o calor humano e o jeito de "tio" do candidato. O que ele dizia não tinha tanta importância quanto a maneira de dizê-lo. Isso contrariava toda a sabedoria convencional estabelecida quanto a campanhas eleitorais na televisão. Mas Dailey sabia, com base em seus anos de publicitário, que a televisão não passa de um microscópio que revela o funcionamento interior da pessoa que fica na frente de suas lentes. Colocar Reagan num foco direto sem iluminação suavizadora nem artifícios de estúdio era algo que mostrava o melhor dele, mesmo que fugisse de todas as coisas que os profissionais da política tinham aprendido acerca da manipulação desse meio.

Essa decisão deixou irados os participantes da campanha que julgavam saber o que era melhor. A seu ver, Reagan era um ator. Logo, quem melhor para fazer comerciais incríveis e ultra-elaborados? As maiores e mais ruidosas objeções à abordagem heterodoxa de Dailey partiram da mulher do presidente, Nancy. Toda a sua formação no cinema ditava que Reagan era um astro, devendo portanto receber um tratamento correspondente: ele tem de saber onde estão os refletores, onde está falando e como atingir seu alvo.

Dailey bateu de frente com a fúria de Nancy Reagan. Seus argumentos eram, estava muito claro, drasticamente opostos. Ela insistia em ver Reagan produzido até o último centavo e Dailey dirigia a campanha de acordo com o que sabia ser certo. Em suas palavras, ele e Nancy "entraram em franco conflito". Ele nunca conseguiu convencê-la; limitou-se à contornar suas objeções e fez o que achava que iria funcionar.

Dailey se lembra: "Foi uma campanha muito decisiva, porque fizemos poucas peças. Mantivemo-las simples e as repetimos constantemente. Todas as pesquisas durante a campanha mostraram que estávamos no caminho certo."

No começo da campanha, 40 por cento das pessoas nos Estados Unidos diziam que não sabiam o suficiente sobre Ronald Reagan para votar nele. Com quatro semanas de campanha, esse número baixou para 20. De acordo com Dailey, não havia tempo para tomar decisões com base em longas análises bem fundamentadas. "Foram decisões intuitivas. Tínhamos de avaliar e fazer os comerciais, empregar todos os fundos e insistir nisso." Num dado momento, as críticas à direção de Dailey se acirraram tanto que seu pessoal praticamente tinha de lacrar a porta do estúdio para terminar os comerciais e manter fora de lá certas partes interessadas. A pressão o levou, num certo ponto, a procurar o coordenador da campanha, William Casey, e propor: "Bill, sei que tenho razão, mas se isso for um problema para você, vou-me embora."

Casey, sob a tremenda pressão de ser coordenador de campanha, apenas balançou a cabeça: "Não. Se você tem razão, Pete, vá em frente."

Reagan já tinha aceito a idéia, e Dailey simplesmente prosseguiu. "Eu não perguntava. Nós apenas fazíamos. E por volta de primeiro de outubro, com os comerciais no ar, as pessoas começaram a chegar a um acordo com eles. Tratava-se tanto de tomar a decisão como de mantê-la. No início decidimos intuitivamente e depois a intuição disse: 'Está muito bom, prossiga, você acertou!'"

O que Peter Dailey fez em ambos os casos foi dar o salto do compromisso. Apesar do tempo restrito e dos bem-intencionados protestos daqueles que não queriam correr riscos, Dailey foi em frente a pleno vapor, comprometido com uma sensação interior que ele sabia estar correta — e que a prática comprovou que estava.

Foi essa sua capacidade de tomar a decisão difícil sob tensão que impressionou Reagan o suficiente para fazê-lo seguir a orientação de Dailey num assunto de interesse internacional. Reagan já o nomeara embaixador da Irlanda. Então, quando a administração queria convencer a Europa a aceitar a instalação de mísseis Pershing 2, o presidente mandou o enviado especial Dailey para lançar uma campanha que redirigisse o sentimento público. Tal como um Alexandre dos dias de hoje, a campanha de Dailey convenceu nação após nação, para o desprazer do *establishment* soviético.

É notável que, quando a administração Reagan começou a persuadir ativamente os países-membros da OTAN da importância dos Pershing 2, Reagan não tenha enviado um diplomata, mas um homem de publicidade. Isso aconteceu num período em que os norte-americanos e os antigos soviéticos ainda estavam em meio a difíceis negociações com respeito a armas estratégicas.

O presidente mandou um emissário especial para convencer os países da OTAN de uma maneira que ele já sabia que funcionava, pois já a havia usado com a opinião pública norte-americana. Ele mandou Peter Dailey tratar do problema.

A perspectiva que Dailey tem dos [ex]soviéticos é fascinante. Diz ele: "Os soviéticos são muito inteligentes. Eles tinham feito um trabalho incrível de venda de suas perspectivas e opiniões, manipulando sociedades do ponto de vista político, embora não tivessem a capacidade de fazê-lo no plano comercial. Sempre me causou fascínio o fato de uma nação fundada na incapacidade de vender qualquer coisa — o conceito de vendas e de *marketing* inexistia ali — fosse provavelmente a mais habilidosa vendedora de suas idéias e filosofias no exterior. E que os Estados Unidos, o maior país do mundo em termos de criar mercados e de usar idéias de *marketing*, fosse absolutamente inepto quando se tratava de difundir pelo mundo o conceito da América e da democracia."

Essa era a mensagem que a administração Reagan queria que Dailey transmitisse. Ele foi para Genebra, onde assistiu às negociações com os ex-soviéticos. Viu estes últimos sentados à mesa enquanto os norte-americanos faziam propostas. Segundo se lembra: "Os norte-americanos diziam: 'Eis a proposta, amigos: vocês retiram seus SS 20, que vocês têm instalado toda semana, e somem com eles; se vocês fizerem isso, nós não instalamos nossos Pershing nem nossos Cruise agora em outubro.' Os soviéticos estavam literalmente rindo de nós.

"Eles diziam: 'Por favor, vocês devem estar brincando! Vocês não vão conseguir instalar coisa alguma. Vejam o que está acontecendo na Alemanha. Vejam as pesquisas de opinião: 60 por cento do povo alemão se opõe aos mísseis Pershing. Vocês estão nos pedindo para desistir de uma coisa concreta em troca de algo que não podem fazer. Isso é loucura!'"

"Eles ficavam sentados de braços cruzados", diz Dailey, passando a mão na testa e cofiando seus bem cuidados cabelos castanho-escuros. "Assim, pediram-me que fosse até lá e visse se era possível alterar as atitudes européias a respeito do assunto."

Dailey chegou na segunda semana de janeiro. Dali a três semanas, o vice-presidente Bush deveria iniciar uma viagem pela Inglaterra, a Alemanha e a França. "Ficou bem claro para mim que, se quiséssemos causar um impacto na Europa com relação a essa idéia, nunca teríamos outra oportunidade como a viagem do vice-presidente, que viria em poucas semanas. Fosse qual fosse a nossa decisão, teríamos de tomá-la de imediato, pondo o vice-presidente na vanguarda da investida. Se ele concordasse em implantar uma estratégia e ser o aspecto mais visível dela, poderíamos ir alterando detalhes à medida que avançássemos."

Dailey sentia que os norte-americanos tinham problemas para tratar de assuntos internacionais. "Fazia-se um pronunciamento a respeito de um dado assunto e não se tocava mais nele. Supunha-se que, como se comentava, o mundo inteiro o ouvira e entendera o suficiente para concordar ou discordar, sendo então hora de passar ao tópico seguinte da pauta." Dailey queria que o vice-presidente Bush seguisse outro padrão. Ele queria que Bush transmitisse a mensagem de que o presidente Reagan se propunha a eliminar da face da terra toda uma categoria de armas nucleares; que o vice-presidente repetisse a mensagem vezes sem conta, toda vez que fizesse um pronunciamento.

O plano era eliminar todas as abreviaturas e siglas. A operação tinha recebido o nome de "Opção Zero", e ninguém sabia o que isso queria dizer. Bush fez somente um único discurso sem meias-palavras — e o repetiu muitas vezes. "Aquilo teve um grande impacto na Europa. Era possível ver a dramática mudança de tendência nas pesquisas." Por volta de outubro, os governos europeus já tinham confiança suficiente na tendência da opinião pública para não se sentirem ameaçados em levar até o fim a decisão. Os alemães instalaram os Pershing; os ingleses, os Cruise. "Foi um esforço muito bem-sucedido feito num diminuto espaço de tempo."

O sucesso de Dailey na mudança de concepção na Europa e a subseqüente instalação de armas nucleares norte-americanas teve profundo impacto sobre as negociações de Genebra. A delegação soviética se retirou. A visão do governo norte-americano era a de que a posição da OTAN de negociar a partir de uma condição de força e não de fraqueza solapara a estratégia soviética.

A base dessa histórica reação foi uma série de decisões estratégicas que Dailey tomou sob alta pressão. Ele começou com seu profundo conhecimento daquilo que afeta os processos interiores de pensamento das pessoas. Se ele não tivesse conseguido decifrar esses processos ou seguir sua própria intuição, a instalação dos mísseis não poderia ter sido levada a efeito. Como o tempo demonstrou, a capacidade de Dailey de manobrar a opinião atendeu aos interesses da paz mundial. Poucos anos depois, os Estados Unidos e a ex-União Soviética assinaram um tratado graças ao qual eliminaram efetivamente as armas nucleares intermediárias.

Foi a experiência de Dailey e sua facilidade em trabalhar com a própria intuição que lhe permitiram tomar decisões audaciosas e produzir os efeitos que desejava. A eleição de dois presidentes e a reformulação da Europa falam enfaticamente da força da intuição de Dailey.

9

IRA GLASSER
A LIBERDADE DE DECIDIR

A sorte favorece a mente preparada, tornando-a madura para descobrir.

Louis Pasteur

Ira Glasser é diretor-executivo da American Civil Liberties Union [União Americana das Liberdades Civis] desde 1978. Tendo agora cinqüenta e poucos anos, Glasser é um homem franco, arguto, bem-falante e expressivo. Sua percepção do que é importante vai da defesa dos direitos garantidos a todos os norte-americanos pela Primeira Emenda ao passatempo tão norte-americano que é o beisebol. Seu amplo e despretensioso escritório com painéis de madeira na West Forty-Third Street, de Nova York, exibe alguns móveis de couro craquelado que estão ali há algum tempo. Há "presença" na sala. Umas poucas fotos emolduradas pendem das paredes. Uma delas, que ocupa posição de destaque, mostra a equipe de 1955 dos Dodgers. E, tal como um agressivo jogador ávido por entrar no jogo, Glasser não é de fazer corpo mole nas jogadas duras. Ele disputa todas.

A seu ver, tal como a capacidade de atirar uma bola com efeito, a formação de um tomador de decisões começa bem cedo: "Raramente acordo de manhã e digo: vou fazer *x*. As decisões não são tão solitárias assim. Você é parte inevitável de um arranjo orquestral global de pessoas, pressões, idéias e percepções. É também produto de sua experiência passada, que pode tê-lo conduzido a direções que você normalmente nunca seguiria."

Como exemplo, Glasser passou a maioria de seus verões da juventude trabalhando num acampamento de verão para adultos cegos e surdos. Ele aprendeu o alfabeto manual e se envolveu no trabalho com deficientes. Nunca tinha sido sua intenção envolver-se com tamanha intensidade. Quando Glasser tinha 16 anos, um primo seu, que desenvolvia um trabalho assistencial no acampamento, conseguiu-lhe um emprego. Era o verão de 1954 e Glasser ganharia 100 dólares como garçom. Ele voltou ao acampamento nos dez anos seguintes, tendo exercido ali quase todas as funções possíveis.

Diz Glasser: "Aquilo causou um forte impacto sobre mim. Aprendi muito sobre o tratamento recebido pelos cegos e surdos. Eles eram parte de um gueto estruturado de maneira tal que se tornava invisível." Alguns lugares destinados a cegos e a outros deficientes tinham rampas e não escadas. As salas de refeições e as paredes nunca eram coloridas, porque os cegos não as podiam ver. Eles sabiam que o ambiente era sem cor porque as outras pessoas lhes diziam. Serviam-lhes alimentos que não precisassem ser cortados com garfo e faca. Os conselheiros levavam os cegos a passear num barco a remo, mas nunca lhes ensinavam a remar fazendo marcas nos remos de modo que eles soubessem se a posição era vertical ou horizontal. Ninguém lhes vendia cerveja. As pessoas infantilizavam esses deficientes, tratando-os como se todos tivessem doze anos de idade.

Glasser afirma: "Você entra num restaurante com um cego e o garçom lhe pergunta o que você quer e o que o cego quer. Comecei a me sensibilizar muito com a maneira como a sociedade trata pessoas diferentes. Eu poderia dizer isso aos dezesseis, aos dezessete e aos dezoito anos, mas não percebi o quanto isso iria me impressionar. Também aprendi algo que só mais tarde vim a entender, a respeito de como as instituições destinadas a servir as pessoas na verdade as mantinham dependentes e infantilizadas, impedindo-as de serem normais apesar de sua deficiência."

Assim como nunca teve a intenção de passar os verões com os deficientes, Glasser também não planejou ser diretor-executivo da mais importante organização de defesa dos direitos constitucionais do país. "Eu não sabia o que queria fazer. Só sabia que não iria ser médico nem advogado. Isso porque os meninos que queriam ser médicos ou advogados eram os que desejavam simplesmente ficar ricos. Nunca tive nada contra o dinheiro, mas naquela época as pessoas não iam para a faculdade de Direito pretendendo fazer justiça ou defender os direitos do povo; seu objetivo era ganhar dinheiro. Eu sempre me interessei pelas pessoas e pela igualdade, o tipo de coisas que poderiam levar alguém a ser escritor, sociólogo ou mesmo psicólogo. Esses eram os assuntos que me interessavam."

Em vez disso, Glasser se tornou matemático. "Eu era bom em matemática, mas tinha muito mais interesse por história e por literatura comparada. Quando me via fazendo alguma coisa, eu me via escrevendo, e não sendo um Galileu ou um Einstein."

Depois do Sputnik, as oportunidades no campo da matemática eram prodigiosamente promissoras. Glasser se matriculou no Queens College para estudar matemática. Ao contrário de seus colegas, ele cursou apenas as matérias necessárias à graduação. "No último ano, com todos os colegas fazendo cinco matérias, eu cursava apenas uma. As outras eram todas de história e literatura. Eu simplesmente adorava aquilo, mas o mundo real não partilhava desse meu gosto." Glasser formou-se em 1959 com louvor. Recebeu também menção honrosa em literatura e arte e entrou na Phi Beta Kappa.

Foi nessa época que ele de fato percebeu a realidade de sua limitada educação. "Eu me sentia como um atleta que tivesse treinado apenas um dedo e tivesse o dedo mais forte do mundo. O resto de mim estava atrofiado", diz ele. Mesmo assim, ele terminou o mestrado em matemática na Ohio State University. Em vez de fazer doutorado em sociologia e filosofia, ele voltou ao Queens College para ensinar matemática. "Era como se todos os problemas pelos quais eu me interessava se encaixassem apenas nas lacunas existentes entre aqueles setores departamentais e acadêmicos estanques", recorda-se Glasser. Isso ocorreu uma década antes de as faculdades começarem a aceitar a idéia de uma educação interdisciplinar.

Contudo, para sua surpresa, Glasser descobriu que adorava dar aulas. Ele gostava em especial de ensinar os graduandos que não tinham certeza dos motivos de estarem estudando matemática. Ele sentia que era melhor com esses alunos porque a maioria dos professores de matemática eram pessoas que sempre tinham sido tão naturalmente boas em matemática que não podiam entender que alguém tivesse problemas com a matéria. Ele assinala: "O modo clássico de dar aulas de matemática consistia no professor fazer uma afirmação, o aluno lançar um olhar vazio e o professor repetir exatamente a mesma coisa em voz mais alta e ficar espantado com o fato de o aluno ainda não ter entendido, como se houvesse de alguma maneira um problema de audição."

A experiência de Glasser com a matemática estava desenvolvendo sua percepção do mundo em que ele haveria de entrar. "Eu adorava tornar

120

as coisas claras para as pessoas e explicar-lhes coisas que eu sempre quisera que me explicassem."

Em 1964, contudo, Glasser foi picado pelo mosquito da política. Era a época do movimento pela livre expressão em Berkeley e de manifestações em favor dos direitos civis. Foi igualmente a época em que Glasser descobriu o universo das pequenas revistas. Havia então mais de quatro mil delas. Se pudesse, ele teria feito a assinatura de todas. Ele nunca saciava sua sede de ler sobre o movimento dos direitos civis. "Essa se tornou, e continua a ser, a questão moral central da minha vida", diz ele. Darse conta disso o impossibilitou de limitar-se a dar aulas de matemática.

Ele solicitou emprego em uma dezena de pequenas revistas, dizendo que era muito bom e que a pessoa se arrependeria se não o entrevistasse. Uma delas respondeu — uma publicação chamada *Currents*. Ela fora criada por pessoas que previam a explosão da informação. Sua idéia era pegar as mais de quatro mil revistinhas existentes, bem como a profusão de jornais e livros que tratavam de questões políticas e sociais, e selecionar as idéias mais novas que estivessem apresentando. Glasser foi contratado como editor associado.

Ele descobrira o que julgava ser o melhor dos dois mundos. "Eu ensinava matemática duas vezes por semana e editava a revista. Meu trabalho era ler, duas semanas por mês, tudo o que quisesse acerca dos assuntos que me interessavam. As outras duas semanas eram dedicadas à edição. Eu tinha a meu cargo uma seção sobre relações raciais, que poderia conter desde um diário de guerra até um artigo de sociologia, passando por um relatório de alguma fundação ou um discurso. Era uma atividade interdisciplinar e interessantíssima. Tornei-me a pessoa mais bem informada, sobre diversos assuntos, de toda Nova York."

Glasser terminou passando a editor geral da *Currents*. Ao mesmo tempo, a Universidade de Illinois lhe ofereceu uma vaga de professor. Ele teve de optar entre a revista e a matemática. A revista ganhou. "Não havia escolha", disse ele. Glasser sabia o que era certo para ele. A agonia de um homem de letras ocultando-se numa máscara de matemático terminara.

Não demorou muito para que um dos editores associados da revista, que saíra por falta de fundos, conseguisse um emprego na American Civil Liberties Union [União Americana das Liberdades Civis]. Glasser tinha uma vaga idéia acerca da ACLU. Em poucos anos, seu amigo tornou-se diretor da seção de Nova York.

Nessa época, ele começava a ficar impaciente com a revista. *Currents* era perene e perpetuamente pequena, e o emprego estava lhe trazendo menos realização. "Era como fazer alguma coisa boa dentro de um banheiro. Não que o trabalho fosse irrelevante, mas os efeitos produzidos o eram." Glasser ansiava por ser mais atuante com respeito aos assuntos que significavam alguma coisa para ele.

Olhando ao redor, ele se convenceu de que Robert Kennedy ia concorrer à presidência e fez grandes esforços para ser incluído na equipe. Precisamente quanto tinha marcado um encontro com Kennedy, seu amigo da NYCLU [New York Civil Liberties Union — União das Liberdades Civis — Seção de Nova York] o procurou, dizendo-lhe que pretendia criar o cargo de diretor associado e queria que ele o assumisse.

"Eu tinha a impressão de que eles eram uma organização jurídica vagamente liberal, com interesses mais restritos do que os meus. Mais uma vez, era aquele meu problema com relação aos advogados."

Ele terminou por conseguir uma reunião com Kennedy. Este lhe disse que ainda não chegara a hora de concorrer nem tinha condições de ampliar sua equipe, mas que queria manter-se em contato com Glasser. Depois disso, declarou algo que iria mudar a vida de Glasser. Foi algo cuja verdade Glasser só iria perceber vários anos depois. Kennedy o aconselhou a aceitar o emprego na NYCLU e falou que ele se enganava ao considerar estreito o alcance do trabalho. "Ela vai envolvê-lo com todos os assuntos do seu interesse. A ACLU é uma organização muito peculiar na vida norte-americana. Não há nada parecido com ela, porque sua ação parte de um conjunto radical de pressupostos (radical, não no sentido de esquerdista, mas de raiz) acerca do que constitui o alicerce do país. E opera no cerne das coisas, sem ser uma organização política. Ela vai introduzi-lo em todas as questões corretas."

Glasser seguiu o conselho, embora não estivesse convencido do que Kennedy dissera. "Eu ainda não me sentia à vontade com todos aqueles advogados." O que mudou? Ele falara com alguns amigos seus, companheiros de beisebol da infância no Brooklin. E terminou por se dar conta de que a única constante em sua vida fora a fidelidade à visão interior que sempre trouxera consigo. Ela era uma fonte que ele não conseguia definir nem perceber completamente, mas era um sentido do que ele queria e não queria ser. "Há tantas variáveis sobre as quais não se tem controle! Meu amigo é demitido quatro semanas depois de ir para a ACLU, Kennedy me diz sim ou eu nunca encontro Kennedy. A única constante é esse instinto, essa intuição. Não há no mundo maneira de prever qual vai ser o ponto culminante dos acontecimentos. Mas quando cheguei à ACLU, quase de imediato mergulhei em coisas que atenderam ao máximo os meus anseios."

Dentro de três semanas, Glasser foi mandado à Carolina do Sul a fim de assistir a defesa de Howard Levy, um médico militar do Brooklin que estava sendo submetido a uma corte marcial por se recusar a tratar de Boinas Verdes — um dos primeiros protestos contra a guerra a acontecer dentro das Forças Armadas. "A realidade daquilo tinha o mesmo grau da irrealidade das coisas que eu deixara para trás", recorda-se. "Eu estava bem no meio de tudo: crimes de guerra, liberdade de expressão, crimes militares."

O exército dizia que a Declaração de Direitos não se aplicava aos militares. Glasser admite que até então nunca pensara muito no assunto, mas que não concordava com esse modo de ver as coisas. Não se tratava de um soldado no Vietnã obrigado a cumprir ordens; era uma pessoa na Carolina do Sul falando da guerra. Ele não estava fazendo manifestações nem distribuindo panfletos. A história que Glasser descobriu era a de que o médico tinha sido levado à corte marcial porque, nas horas vagas, trabalhava com negros no registro de eleitores. Os oficiais sulistas, brancos, não gostavam de ver um ianque do norte fazendo aquilo.

"Voltei para casa muito impressionado com aquelas discussões [sobre a Declaração de Direitos]", disse Glasser. Depois de sua volta, ele começou a receber telefonemas de alunos de escolas secundárias que estavam sendo suspensos por protestarem contra a guerra ou por usar cabelos longos. Ele se recorda: "Eu ligava para o diretor e ouvia com estranha precisão exatamente a mesma coisa dita pelo comandante das Forças Armadas: que a Declaração de Direitos não se aplicava às escolas. Ele me dizia: 'Estamos apenas tentando dirigir a nossa instituição. Temos de ter completa autoridade.'"

Glasser ia às audiências de suspensão das escolas, que se assemelhavam à corte marcial. Porém, em vez de haver um tribunal, o diretor era o promotor, o corpo de jurados e o juiz. A decisão estava tomada de antemão. "Era a aparência da justiça sem nenhuma justiça nos procedimentos", diz Glasser. "Comecei a comparar as escolas e as Forças Armadas e a afirmar publicamente que elas eram as únicas instituições norte-americanas a afirmar que a Declaração de Direitos não valia em seu interior. Elas eram dirigidas como se fossem organizações totalitárias, embora uma existisse para proteger a liberdade de expressão e a outra para ensiná-la."

Elas não eram as únicas instituições a agir dessa maneira. Também os hospícios, as prisões e os programas de assistência aos menores ignoravam a constituição. "Eles eram imagens isomórficas uns dos outros. O psiquiatra do Estado, o diretor de escola, o comandante militar e o diretor da prisão tomavam todos a mesma posição: a de que a Declaração de Direitos não se aplicava às entidades que dirigiam. As pessoas me diziam: isso não é assunto da ACLU, não é tradicional. É tradicional. Todos os direitos que protegemos são tradicionais. O que não é tradicional é o ambiente. Estamos estendendo direitos tradicionais a lugares não tradicionais."

Ele assume a responsabilidade por levar a ACLU a entrar nessas áreas: "A NYCLU foi a primeira seção do país a ter um advogado dedicando-se exclusivamente à defesa dos direitos do doente mental, dos estudantes, dos presidiários e dos menores que recebiam assistência."

Ela também viu dirigidas a si as luzes da ribalta, ao trabalhar com todos os atores importantes da cena política norte-americana. Glasser manteve contato com o pessoal de Bobby Kennedy tão logo este começou sua corrida para a Casa Branca.

Então, ao despertar em 7 de junho de 1968, Glasser ouviu as notícias do assassinato de Robert Kennedy transmitida por uma estação de rádio de Syracuse. Ele pensou que estivesse sonhando, que estivesse revivendo o assassinato de JFK. Para Glasser, aquele assassinato matou muitas coisas; a primeira delas foi a sua inocência. Dois meses antes, Martin Luther King Jr. fora morto; Malcolm X foi abatido a tiros meses depois. "De súbito, todas as pessoas que tinham sido o foco da realidade, pessoas em torno das quais tudo parecia girar, haviam desaparecido", relembra Glasser, com seu sotaque do Brooklin praticamente transformado num sussurro. "Você começa a sentir que não poderia passar a vida trabalhando para os outros. Se quisesse que as coisas que eram objeto de sua preocupação fossem feitas, você as teria de fazer pessoalmente. Mesmo sem estar pronto, você teria de começar a agir sem poder escolher a melhor posição, teria de fazê-las a partir do ponto em que se encontrasse. Eu nem pensei no que iria fazer; eu sabia somente que de certo modo estava sozinho."

Voltando à ACLU, Glasser quase imediatamente assumiu o posto de diretor da NYCLU. Logo depois, começou a pensar na ACLU como um fim em si mesmo. As palavras de Robert Kennedy começaram a se tornar realidade. Ele percebeu algo que nunca teria aprendido na escola. Para defender a liberdade de expressão e a igualdade racial, era fundamental que o sistema de governo contasse com uma força extragovernamental que propagasse esses valores. Na explicação de Glasser: "Porque esses valores estão sempre nadando contra a corrente majoritária. Por melhor que seja o presidente da República, o governador, o prefeito, o policial ou o dirigente escolar, você sempre acaba lutando contra eles, porque eles têm de enfrentar outro conjunto de pressões políticas, não podendo proteger adequadamente esses valores." Glasser formulou essa percepção em 1970, no auge do primeiro mandato de Nixon, quando ele sentiu que não havia como defender seus ideais a partir de dentro, mas uma real esperança de fazê-lo a partir de fora. "Ser a organização que de fato alimentasse todos os movimentos de protesto, permitindo-lhes funcionar, era uma posição política muito entusiasmante. Isso poderia não ter acontecido dez anos antes nem vir a acontecer dez anos depois."

Oito anos depois, Glasser tornou-se diretor-executivo da ACLU. E, ao rememorar a década e meia no decorrer da qual esteve à frente, ele pode ver como as experiências advindas do trabalho de um menino de dezesseis anos num acampamento de verão para cegos e surdos construíram as bases para o seu processo de decisão.

"O que chamamos de intuição", diz ele, "é toda a experiência e os fatos que absorvemos ao longo da vida. Houve muitas ocorrências, ao longo desse período, nas quais não dispúnhamos de todos os dados. Seguimos em frente, porque isso era a coisa certa a fazer e, dez anos depois, descobrimos que de fato havíamos acertado." Mas Glasser se apressa em assinalar que, numa organização como a sua, é vital que a intuição dê início ao processo, "porém, depois examinamos rigorosamente as conseqüências e os argumentos. Se prevalecerem no caso específico, poderão esses argumentos ter o efeito oposto em outro lugar? Estamos voltados para tentar criar, a partir de casos particulares, princípios legais que serão aplicados a centenas de outros casos. Antes de ir em frente e fazer, temos de procurar saber se não vamos ser atingidos pelos nossos próprios projéteis. Essa é uma das coisas que nos torna humildes: a convicção de que sempre há efeitos imprevisíveis em todas as coisas boas que fazemos".

Glasser viu isso acontecer com os hospícios. "Tínhamos razão na área dos doentes mentais. Acabamos com boa parte do encarceramento e do amontoamento impensado de pessoas. Um dos resultados foi que a sociedade finalmente foi forçada a libertar essas pessoas, mas não foi alvo da exigência de ajudá-las. A sociedade só aceitava ajudá-las em seus próprios termos, isto é, encarcerando-as. Por isso, hoje essas pessoas que foram libertadas perambulam pelas ruas. Não que fossem normais; elas não eram. Elas precisavam de ajuda, mas não a receberam. No final, temos hoje um crescente problema com os sem-teto."

A resposta de Nova York foi a de que, quando a temperatura caísse abaixo dos seis graus, os sem-teto seriam levados para abrigos — mesmo contra a vontade. A ACLU tomou a posição de que a cidade não podia reter pessoas contra a vontade. O prefeito acusou a ACLU de exigir o direito de morrer congelado. Mas Glasser explica: "O que as pessoas normais são incapazes de compreender é o que significa viver na rua quando faz cinco graus e saber que o abrigo é pior do que o relento. Temos de ser cuidadosos, porque não é aceitável ter essas pessoas na rua quando faz cinco graus.

"Um dos efeitos não-pretendidos da nossa reforma foi que, embora tenhamos conseguido impedir o governo de implementar seu tipo mais cruel e brutal de encarceramento, a atitude de 'tire-os das vistas e da cabeça', não fomos capazes de impor a obrigação de cuidar e ajudar as pessoas carentes de acordo com a percepção que elas mesmas têm de suas necessidades."

Glasser enfrentou uma questão semelhante quando da decisão governamental de capturar crianças de rua para o seu próprio bem e colocá-las em centros de treinamento do Estado. Como ele relembra, "as crianças ficavam em confinamento solitário, sem ter alimentação; eram espancadas e estupradas. Esvaziamos essas instituições porque éramos contra confinar crianças dessa maneira quando elas não haviam cometido nenhum crime, apenas porque a família delas era desajustada. Tratava-se de crianças abandonadas pelos pais, e se o Estado fosse o pai delas, ele também seria acusado de negligência".

Num caso, uma menina de quatorze anos que fugira de Minnesota foi presa na Times Square por prostituição. O governo a colocou num centro de treinamento. A ACLU perguntou porque ela fugira de casa. "Vocês pensam [que as crianças que fogem de casa] não sabem que é ruim aí fora? Você acha que elas gostam de ficar na Times Square? É que isso ainda é melhor do que a casa da qual fugiram, onde existe incesto, e do que os [centros de treinamento] que vocês lhes dão." "Sou a favor da defesa dos direitos de escolha delas, mas isso tem conseqüências. Uma dessas conseqüências é que isso não resolve o problema. Você pode evitar um problema, mas então tem de solucionar o de tanta gente perambulando por aí sem conseguir nenhuma ajuda, porque a sociedade só as ajuda em seus próprios termos brutais."

* * *

Tal como ocorreu com Robert Pittman, a sabedoria convencional muitas vezes impele o tomador de decisões para além do conhecido, para um plano em que se tem de permitir o florescimento de novas idéias e novas maneiras de perceber situações. Para Glasser, voltamos à sabedoria convencional porque nos tornamos menos flexíveis. "Tendemos a processar informações com base naquilo que ocorreu antes. Agindo assim, deixamos de lado o valor da nossa intuição, porque perdemos a capacidade de modificar ou de alterar as nossas decisões. Conheço todas as razões pelas quais as coisas não vão dar certo. Mas eu me lembro de que, quando tinha vinte e nove anos, todos na organização consideravam insanas as coisas que eu pensava. Eles nunca tinham feito as coisas daquela maneira. Descobri que o principal motivo pelo qual uma organização age como age é que esse é o modo como as coisas sempre foram feitas."

A atitude do tipo "nós nunca fizemos assim" é uma das principais razões da estagnação organizacional. Essa atitude caminha lado a lado com coisas do tipo "não estamos preparados para isso", "já tentamos uma vez" e "isso não vai funcionar neste caso". O modo dominante de pensar em geral não pode proporcionar à organização nenhuma direção que a faça progredir. Manter a sabedoria convencional é algo que enrijece por completo a intuição e seus subprodutos, a criatividade e a inovação. Tentar fazer negócios neste mundo sem esses elementos equivale a tentar construir um arranha-céu sem atentar para o projeto estrutural: você simplesmente nunca atinge as elevadas alturas que pretende.

"As pessoas em quem mais confio e às quais mais recorro", diz Glasser, "pensam intuitivamente. Pessoas que analisam tudo tentando reprimir ou ignorar a intuição com base na idéia de que ela é ilógica, estão, a meu ver, desprezando uma série de informações que elas nem sequer sabem que têm. Elas acreditam que estão sendo racionais. Na minha opinião, estão agindo de maneira irracional, visto não considerarem racionalmente o fato de haver informações a que podem recorrer."

Glasser acredita que isso é algo a ser levado em conta, especialmente quando se contratam pessoas. "Uma das coisas que valorizo nas pessoas é a sabedoria prática", diz ele. Certa feita, chegou à escrivaninha de Glasser uma carta de um jovem advogado muito especial, em busca de emprego na ACLU. Ele fora o primeiro da classe no colégio em Ann Arbor, tendo se formado em Harvard com louvor e tendo sido incluído na Phi Beta Kappa. Cursara a Escola de Direito de Harvard, onde participou da revisão dos estatutos, indo depois para a Universidade Oxford britânica. Nessa última, recebeu menção honrosa em literatura e história. Quando voltou aos Estados Unidos, assumiu o cargo de secretário de um juiz da Suprema Corte. Na época em que Glasser recebeu a carta, o advogado tinha trinta anos e era conselheiro assistente do subcomitê do senador Edward Kennedy na Câmara Alta.

Glasser recorda-se de falar com ele por telefone. "Eu lhe disse: 'Recebi todos os seus documentos e fiquei muito impressionado, mas tenho apenas uma pergunta a fazer.' Ele não pareceu surpreso, porque que perguntas poderiam ser feitas a ele que ficassem sem resposta? E ele disse: 'Está bem.' E eu lhe perguntei: 'Você sabe fazer arremessos?' Ele disse: 'O quê?' Eu sabia que o pegara. E eu falei: 'Quero dizer, rebater a bola, arremessar, coisas assim.' E ele começou a gaguejar, provavelmente pela primeira vez desde a terceira série. Disse: 'Bem, joguei um pouco de hóquei sobre o gelo na escola.' Eu falei: 'Hóquei sobre o gelo? Eu bem percebi que havia alguma coisa errada quando vi que você era de Ann Arbor.'

"Foi então que ele ficou totalmente fora do ar. Ele disse que queria ser sincero comigo. E eu logo vi que viria alguma coisa para desviar a atenção. Ele disse que não tinha sido aprovado no exame da Ordem dos Advogados em Nova York. Eu lhe disse: 'Bem, não me incomodo muito com isso. Não há muito que um currículo como esse me diga além de que você é capaz de ser aprovado num exame.' Ele me perguntou se podia marcar uma entrevista comigo. Esse foi o golpe de misericórdia. Respondi: 'Não fazemos entrevistas. Temos testes práticos. Tenho uma idéia: por que você não vem de Washington? Há uma quadra escolar na rua Vinte e Seis, entre a Oitava e a Nona avenidas. Todo sábado de manhã estamos todos lá. Vamos bater uma bolinha, falar da Primeira Emenda, ver como você usa os ombros.'"

O jovem advogado nunca deu as caras. "Uma das coisas que eu queria saber naquele contato era qual a atitude do rapaz na vida. Eu sabia que ele era esperto, provavelmente uma das pessoas mais espertas disponíveis. Mas isso é como os pistoleiros do oeste: sempre há algum outro um pouco mais rápido. Posso descobrir muita coisa jogando basquete com

128

alguém, como essa pessoa te cerca por trás, como se comporta diante da adversidade, o que acontece quando erra o arremesso, qual o seu grau de inventividade, o que acontece quando você joga duro com ela: ela reage, ela cede espaço? Se atentar bem para a atitude da pessoa no jogo, você consegue ver o seu caráter. Não avaliamos as pessoas apenas pelo que está explícito."

Mas como um tomador de decisões se prepara para o inesperado? De que maneira as pessoas podem estar prontas a responder acerca de sua capacidade de jogar basquete ou beisebol quando esperam que se fale de uma matéria constitucional? Glasser acredita que a solução está em evitar o compromisso rígido com um roteiro fixo. Ele sabe o que diz. Durante a campanha presidencial de 1988, ele e a ACLU enfrentaram um ataque frontal por parte de George Bush.

Passado o assombro de terem sido objeto de ataque de um candidato a presidente, Glasser e a equipe arregaçaram as mangas e revidaram. "O instinto essencial na época" diz ele, "foi revidar o ataque de um adversário maior e mais forte com toda a energia possível. Poderíamos usar o ataque como uma oportunidade de reagir e de articular a nossa própria visão do patriotismo." Se o governador Dukakis tivesse feito uma opção semelhante, as coisas poderiam ter sido diferentes. Como não revidou, ele perdeu bastante terreno na campanha. Em contraste, os quadros da ACLU tiveram um acréscimo de mais de cinqüenta mil membros.

"(Revidar) foi um instinto aprendido nas ruas do Brooklin", afirma Glasser. "O que ele nos ensinou foi que devemos defender junto ao público norte-americano o direito de representar os valores norte-americanos tradicionais e, inclusive, lutar pelo que a expressão 'valores norte-americanos tradicionais' de fato significa. Não cedemos aos extremistas os direitos de propriedade das tradições norte-americanas, dos seus símbolos nem do apelo ao patriotismo. Em vez disso, evocamos o começo da nossa existência, no século XVIII, para definir os valores norte-americanos tradicionais e o patriotismo de uma maneira que nos colocou no centro e deixou nossos oponentes à margem." A resposta intuitiva de Glasser a esse ataque mostrou-se muito bem-sucedida, tanto em termos do aumento do número de membros como da reputação da ACLU. Em 1992, nenhum candidato se referiu a ela.

O segredo da preparação para o inesperado está em agir diante dele sem um roteiro criado de antemão. "A melhor abordagem", sugere Glasser, "é saber mais sobre o assunto de sua atenção do que qualquer outra pessoa e agir sem um conjunto rígido de expectativas acerca do que vai acontecer." No tocante a isso, o que ele faz nesses momentos em que a pressão é grande, não é senão permitir-se saber exatamente aquilo que sabe. Em suas palavras: "Seria um erro assumir uma postura muito mística ou romântica acerca dessas coisas, dar a impressão de que a intuição e a razão ocupam esferas diferentes, quando na verdade elas são apenas estágios distintos do mesmo processo. O processo intuitivo levanta a possibilidade, mas é imprescindível testar a idéia.

"O pressuposto de que todas as informações acumuladas no nosso interior são boas é errado. Há muitas coisas que são informações imprestáveis. No jargão da computação, 'de onde só entra lixo, só sai lixo'. Acho que a intuição fica com má fama porque na maioria das vezes se baseia em informações ruins. As pessoas educadas no Sul nos anos trinta e quarenta eram racistas por instinto; pouco importava o que seus processos de pensamento lhes dissessem. Por isso, há motivo para se ter cuidado com a intuição, mas creio que negar sua utilidade é na realidade um caso de jogar fora o bebê junto com a água do banho."

Mas de onde vêm, em conclusão, as decisões? Do jogo de beisebol na rua, dos empregos de verão na juventude, das leituras, da assimilação de coisas que você acha que nunca vai precisar, da interação com as pessoas e com a vida. Glasser nunca fugiu de um problema que não pudesse resolver. Ele tem consciência de que, enquanto permanecer fiel à sua percepção do mundo, uma resposta termina por surgir. Talvez essa resposta precise ser reformulada, mas ele sabe que ela existe.

Glasser vem lutando há vinte e cinco anos pelos direitos do indivíduo em meio ao poder da coletividade. As pessoas podem discordar dos seus valores, mas muitas das decisões que ele tomou trouxeram benefícios para a maioria. Às vezes, como ele assinala, "você tem de manter seus princípios mesmo quando eles se opõem ao peso da opinião pública". Essa é com freqüência uma posição difícil de assumir, tanto nas quadras de basquete como nos corredores dos hospícios ou ao proteger a liberdade de expressão de um manifestante.

10

R. E. McMASTER
O MOMENTO É AGORA

Se você está com a cabeça fria quando todos estão prestes a perder a sua, é porque provavelmente você não ouviu os noticiários.

Adam Smith, *The Money Game*

Quando João comprou os feijões mágicos e ganhou fama e glória, a pessoa que lhe vendeu esses feijões caiu no esquecimento. Bem, nós a encontramos. Ela estava escondida em Marble Falls, Texas, depois de ter passado por Whitefish, Montana e Okum, Texas, e atende pelo nome de R.E. McMaster. Ele ainda tem acesso a uma imensa quantidade de feijões mágicos, de soja, para ser exato. E esses feijões podem render uma fortuna ao João certo — em especial se ele tiver um impecável sentido intuitivo de oportunidade.

R.E. McMaster é, aos quarenta e cinco anos, um prodígio da área de *commodities*. Bem-apessoado, com seu terno completo, os cabelos louros partidos bem no meio, a barba ruiva bem aparada e um grande bigode, McMaster parece tranqüilo. É uma estranha sensação a que se tem estando ao lado de um especialista em *commodities*. Considerando-se o mundo em que ele vive, de ritmo frenético, mundo de ganhos e perdas instantâneos, seria de esperar unhas roídas, um certo ar de preocupação e tiques nervosos. Mas R.E., como o chamam os amigos, não é assim.

Para o iniciado, as *commodities* constituem a medula da economia norte-americana. Esse mercado foi estabelecido como uma proteção e uma garantia para os agricultores com relação às elevações e quedas dos preços

131

dos seus produtos. A Câmara de Comércio de Chicago, a Bolsa Mercantil de Chicago e a Bolsa de Mercadorias de Nova York (COMEX) são os principais pontos de compra de futuros (o preço futuro projetado de uma determinada mercadoria, abrangendo de ouro a toucinho, de papel-moeda a ienes).

Nesse mercado, fortunas são ganhas e perdidas num piscar de olhos. Tal como na Bolsa de Valores, a idéia do jogo das *commodities* é prever a rota futura de um preço. O problema é que o mercado aqui é mais volátil, havendo muito mais operações em que se vendem *commodities* por um preço superior ao que elas terão na data futura em que o vendedor terá de comprá-las para cumprir a obrigação de entrega que assumiu antes. O segredo desse esquema complicado é fazer as coisas na hora certa. E quando se trata de saber o momento certo de agir, R.E. McMaster já provou que é um mago.

Em seu boletim semanal internacional, *The Reaper*, McMaster diz: "Há apenas três maneiras de atuar no mercado com sucesso: (1) seguir a tendência, de alta ou de baixa; (2) usar um sistema de reversão de tendência; e (3) comprar na baixa e vender na alta num determinado ciclo."

Embora essa informação não seja segredo, a abordagem e o estilo de McMaster fizeram dele uma águia no mundo das *commodities*. Isso se deve em parte ao fato de ele ligar essa filosofia diretamente ao seu processo de decisão. Diz McMaster: "É preciso intuição e capacidade de discernimento para perceber qual a tendência correta. Você tem de resolver se está na continuação de uma tendência, caso em que tem de tomar a decisão de sair, ou numa reversão de tendência, situação em que você vai querer comprar o que está em baixa e vender o que está em alta."

E como ele sabe? "Eu sinto intuitivamente o que devo fazer. É natural como movimentar um pé atrás do outro e andar pela sala."

Essas tendências oferecem a pessoas como McMaster uma perspectiva histórica de toda uma era. Elas proporcionam uma contexto em que se pode examinar o comportamento dos mercados e, mais tarde, agir a partir dessa análise.

É preciso distinguir entre surtos e tendências. Embora, sem dúvida, haja uma certa relação entre eles, sua diferença advém do comprimento da onda. A principal diferença é, portanto, o tempo. Os surtos são, basicamente, pequenas ondas que arrebentam perto da praia e com freqüência. As tendências são ondas enormes que levam de roldão a sociedade inteira. Alvin Toffler, autor de *The Third Wave*, acredita que estamos na crista da terceira onda, que veio depois da segunda, a da revolução industrial.

O sucesso de McMaster na tomada de decisões baseadas na projeção de tendências fez dele um dos mais consultados especialistas em *commodities* do país. Seu boletim de 200 dólares por ano, *The Reaper,* é enviado a investidores dos cinqüenta Estados e de mais quarenta países. A Cycle III, *hotline* telefônica de *commodities* de McMaster, custa 200 dólares por mês aos investidores e tem assinantes em todo o país e em muitos lugares do mundo inteiro.

Qual o grau de confiança e de eficácia demonstrado por McMaster? Em primeiro lugar, ele pratica esse jogo há mais de vinte anos. Os operadores desse mercado são considerados veteranos depois de seis meses de atividade — isto é, os poucos que duram todo esse *tempo*. No negócio das *commodities*, o rápido desgaste é a regra. McMaster, no entanto, prosperou. A razão, acredita ele, está no fato de o seu móvel não ser o dinheiro. "O dinheiro não é uma grande motivação. Ele só é importante para mim em termos de liberdade. A força-motriz para mim é a verdade, assim como a compreensão da maneira como as coisas se inter-relacionam."

McMaster acredita que o dinheiro é um subproduto do fato de se fazer tudo direito, de adotar o ponto de vista de longo prazo. Ele considera a arte de ganhar dinheiro semelhante à do jogador de basquete que ama o jogo e pratica constantemente. Como subproduto dos seus esforços, ele se torna um astro e assina um contrato multimilionário. Há muita gente interessada em contratar o jogador McMaster a fim de encher o bolso com o subproduto de suas jogadas.

Há alguns anos, ele decidiu abrir uma série limitada de cinqüenta contas de investimentos em *commodities*. Essas contas seriam abertas a partir de um valor mínimo de 30.000 dólares. Ele elaborou uma carta na terça-feira, enviou-a na sexta e, na quarta seguinte, já tinha sido procurado por um número demasiado grande de interessados, alcançando a soma dos valores a casa dos 4,5 milhões de dólares. Ele aceitou somente cerca de um terço dos investidores, tendo posto os outros numa lista de espera que está completa até hoje. A razão pela qual ele queria impor um limite ao número de contas foi o fato de acreditar que esse era o único meio de manter a qualidade das operações com *commodities*, o que por sua vez geraria mais lucros para os investidores.

Estes últimos sempre voltam a procurar McMaster porque, ao longo dos anos, ele tem mantido uma média de valorização acima de 600 pontos, digna da Calçada da Fama das médias, caso existisse uma. O que torna McMaster tão bem-sucedido são a sua filosofia e a sua abordagem. "É preciso entender que sou um futurista. Passo a maior parte do tempo lendo e analisando assuntos vinculados com o planejamento estratégico." Os indicadores que ele examina para elaborar esse planejamento são tendências de ordem social, econômica, política, religiosa, climática, militar e financeira. "Quando todas essas coisas estão juntas num mesmo quadro", explica ele, "encaminho-me para uma decisão. Os fatores com que trabalhamos são os dois elementos fundadores da economia: pessoas e recursos."

Nos últimos anos, o mercado obrigou McMaster a promover algumas alterações no seu processo decisório. Ele percebe que os atuais operadores de mercado estão envolvidos numa "fuga turbulenta da responsabilidade pessoal, que, associada com a intervenção do banco central em favor das reservas federais, levou basicamente ao domínio do mercado pelo tesouro". Essas tendências têm de ser incorporadas às equações de McMaster no que respeita ao momento de entrar no mercado e de sair dele.

Tomar decisões nesse clima é algo que requer que McMaster leve na devida conta o que ele chama de uma "multiplicidade de harmônicos", entre os quais se incluem a física newtoniana, a física einsteiniana, a física quântica, a teoria do caos, os fenômenos eletromagnéticos, a intuição e os fenômenos espirituais. "Meus movimentos partem tanto do que chamo de extremidade espiritual do espectro como do espectro da realidade "newtoniana" de todos os dias. E então verifico como os vários graus de harmônicos se encaixam entre si. E quando eles formam um todo coerente, sei que é hora de agir."

Isso não quer dizer que McMaster só aja quando tudo e todos concordam. Na verdade, seu comportamento é precisamente o oposto. "Cheguei à conclusão de que algumas das melhores decisões que tomo ocorrem quando meu trabalho indica que estou num elevadíssimo grau de divergência mental em relação à opinião da maioria."

Um exemplo disso ocorreu em julho de 1992. O dólar norte-americano tinha sofrido uma enorme baixa e, depois, começado a subir devido à intervenção do banco central. Segundo McMaster, isso ocorrera por ter havido um excesso de vendas. Tudo indicava a vinda de uma ascensão vertiginosa do valor do dólar. Sua intuição lhe disse que essa alta não iria durar. "Meu sexto sentido apontava uma nova queda do dólar, o que aconteceu um mês depois."

No pensar de McMaster, quem tem decisões a seu cargo tem de estar disposto a se opor ao movimento da multidão. Essa é a atitude da inovação criadora e, guiando-o nesse remar contra a corrente, estão seus processos integrados de pensamento e de percepção — a razão e a intuição. O que essa abordagem exige, de acordo com ele, é a disposição para correr riscos a partir de informações limitadas. McMaster está apenas formulando, em outras palavras, o desgastado adágio "quando maior o risco, maior a recompensa". Tentar criar uma nova tendência pode ser tanto um ato extremamente corajoso como uma abordagem tola, a depender da maneira como você preparou a sua intuição.

"Se você quer ter grandes lucros", pontifica McMaster, "você precisa correr grandes riscos, o que significa que terá de agir a partir de dados restritos. As massas não têm segurança suficiente para agir desse modo e, por isso, evitam o risco. Elas são avessas ao risco."

De acordo com a observação dos ciclos por parte de McMaster, nossa civilização está bem no meio de uma "perspectiva de aversão ao risco". À medida que envelhece, acredita ele, uma civilização perde sua orientação para o risco e escolhe a segurança. "Ela começa a se voltar sobre si mesma e deixa de responder aos desafios que encontra pela frente." Ele vê essa visão concretizada na proliferação de fundos mútuos, que são investimentos mais seguros do que o mercado de ações. Na realidade, hoje há mais fundos mútuos do que ações relacionadas na Bolsa de Nova York.

Em todos os aspectos da vida humana, buscamos padrões que nos ofereçam uma maior compreensão das coisas. Observando e prevendo tendências e ciclos, pessoas como McMaster esperam lucrar aliando-se às tendências que, segundo julgam, terão sucesso. O Grupo Naisbitt, dirigido por John Naisbitt, do famoso *Megatrends* [Megatendências], usa os jornais diários como forma de estabelecer tendências globais. Naisbitt refere-se a isso como "análise de conteúdo", que ele compara à leitura das estatísticas de um jogo de beisebol. Há problemas nessa análise, como o dirá imediatamente qualquer fã de beisebol. Quando se olham as estatísticas, não se vê o desenrolar o jogo. Ou seja, elas dizem quantos pontos foram feitos, o escore de cada jogador, mas nada indicam do estilo e da sutileza com que o jogo vem se desenvolvendo.

Talvez esse fator não chegue a ser um problema na determinação de tendências gerais, mas por certo assinala o fato de que alguns elementos não estão sendo levados em conta. Os jornais podem fornecer os acontecimentos, mas os detalhes têm de ser examinados a partir de um processo orientado para as pessoas. Naisbitt concorda que essa é a posição em que a intuição se salienta mais.

Outro método de previsão de tendências que também se baseia nos meios de comunicação é a análise inferencial. Tal como a análise de conteúdos, esse método também é uma mistura intencional de intuição, fatos e conjeturas. O processo vem sendo usado por duas empresas de consultoria, a Williams Inference Service e a Inferential Focus. Elas fazem a resenha de cerca de 150 periódicos por semana, refletindo acerca do que lêem, formulando suas projeções e enviando-as aos clientes. De acordo com a *Business Week,* de Dun, os clientes dessas empresas valorizam o processo por causa dos vínculos estabelecidos entre acontecimentos aparentemente desvinculados, bem como devido às inferências feitas a partir de fatos muitas vezes menores ou de cunho local. As conexões estabelecidas captam a sutileza e o estilo do mercado.

Reavaliar a história a fim de inferir intuitivamente tendências futuras constitui um importante elemento do modo de agir de McMaster. Ele vê a si mesmo como uma mescla de historiador, cientista social, psicólogo e analista de mercado, bem como de sábio e vidente. Os indícios com que ele trabalha são os ciclos dos eventos. "Em sua relação com a humanidade, os ciclos", crê McMaster, "não passam do desdobramento das ações humanas. Em outras palavras, assim como o policial bem treinado sabe dispersar uma multidão, já que as multidões agem de modo previsível, assim também, na mente de massa do mercado, há seqüências altamente prováveis de ação humana que podem ser previstas."

McMaster continua: "Eu espero por uma confluência de indicadores que me mostre uma alta probabilidade de que uma dada ação venha a acontecer, e sigo as probabilidades. Vivemos num ambiente de incerteza, porque ninguém tem condições de prever o futuro com perfeição. Decisão é isso. Uma decisão é sempre tomada com relação ao futuro. O que significa que todas as decisões que tomo são necessariamente probabilísticas."

Ele descreve, com essas palavras, a capacidade de compreender os fatores que determinam as ações humanas e de prever corretamente o tempo que vai transcorrer até o amadurecimento dessa seqüência de ações humanas. Agindo assim, "você pode prever tanto o evento como o tempo. Dou a isso o nome de harmonia entre análise de preços e análise de tempo".

No começo de 1992, McMaster começou a captar elementos que o levaram a fazer uma importante análise do mercado. Esses elementos formariam o que ele veio a chamar de primeira, segunda e terceira marteladas, grandes pontos de ruptura que, sentia ele, iriam atingir o mercado. Ele também concluiu na época que essas marteladas seriam conjugadas com determinados acontecimentos físicos e sociológicos. As datas aproximadas dessas "marteladas" coincidiam de maneira surpreendente. Primeiro foram os distúrbios de Los Angeles, a queda do índice Dow Jones e dos preços da prata e do ouro, tudo em abril e maio. Depois veio o terremoto de 28 de junho no sul da Califórnia, que atingiu 7.5 pontos na Escala Richter. Por fim, a queda e posterior subida do dólar com relação ao ien. É impressionante a precisão com que esses eventos foram previstos.

McMaster é capaz de pôr essas idéias em ação mais ou menos da mesma maneira como um mestre do xadrez aborda o seu jogo: com a capacidade de pensar na sua própria estratégia ao mesmo tempo que pensa na do oponente. "É a capacidade de pensar dialeticamente, de manter na cabeça, ao mesmo tempo, dois conceitos opostos, e compreender os dois, avaliar o seu peso relativo e, quem sabe, até conciliá-los. Chamo isso de 'Verdade em Tensão'." Se há uma idéia que caracteriza a filosofia de McMaster, é esta: "Verdade em Tensão" — ou "TNT" [Truth in Tension], como ele diz.

Como tomador de decisões no mundo dos negócios, McMaster tem um sentido de si mesmo que vai além de saber como vai reagir numa dada situação. Trata-se de ficar a par de uma organização e do lugar dela no mundo do mercado. E significa igualmente ter confiança bastante para atuar em áreas que não estão completamente definidas. A maioria das pessoas só consegue pensar em termos de preto e branco; umas poucas se sentem à vontade com matizes de cinza. "E menos ainda", diz McMaster, "sentem-se bem ao ter de compreender e de manter ambos os lados de um raciocínio ou situação em tensão dialética até que a contradição se resolva."

Esse sentido se manifesta para ele numa sensação de paz e de grande segurança com respeito ao que está fazendo. Afirma McMaster: "Muitas vezes vou me deitar com um problema na cabeça e, quando acordo, sei a solução. Apenas sei. É isso o que chamo de trabalhar nas duas extremidades do espectro."

Esse processo de deixar a decisão à vontade, de permitir que ela se revele no seu próprio tempo e que surja sem ser forçada, exige de quem decide um grande grau de autoconfiança, de certeza de que a resposta virá. Significa confiar e acreditar no seu próprio poder de assimilação e de síntese. E implica uma receptividade e uma fé suficientes para entrar no ritmo do relógio da natureza em vez de no tempo humano. Esse sentido de sincronia, de saber quando a hora de agir é absolutamente correta, constitui o forte de McMaster.

Num artigo da revista *Business Week* intitulado "Quando o Guru de Whitefish Fala, Chicago Escuta", ele foi retratado como um mestre da sincronia. (O Whitefish do título refere-se a uma fazenda que ele possui em Whitefish, Montana.) Em agosto de 1983, esse sentido de sincronia de McMaster e seu conhecimento do oponente (no caso, o mercado de *commodities*) realizaram um casamento perfeito. Como ele se recorda: "O mundo inteiro estava alvoroçado com os preços da soja e do milho. Meu trabalho e minha intuição diziam que esses mercados iriam chegar ao limite e começar a cair no final de agosto."

McMaster viajou para Chicago nesse mês de agosto a fim de visitar a Câmara de Comércio de Chicago. Ele nunca tinha ido lá; todas as suas transações tinham sido feitas a distância. Ele resolveu ir porque queria ver com os próprios olhos como era um mercado que chega ao limite e cai.

O humor na mesa do almoço em Chicago não podia ser melhor. McMaster almoçava com vários outros operadores que sentiam, todos eles, bons augúrios em termos do mercado futuro de grãos. "E lá estavam todos aqueles pesos pesados ao redor da mesa", lembra-se McMaster com um óbvio tom de riso na voz. "Eles me perguntaram por que eu estava ali. Eu lhes disse que tinha ido ver um mercado cair depois de uma forte alta. Você podia ouvir uma gota caindo. Eles acharam aquilo incrível; claro que o mercado ainda não havia chegado ao ponto máximo. Na verdade, eu cheguei lá um dia antes de isso ocorrer. Era o que o meu trabalho e a minha intuição me haviam dito." Claro que ele já tinha saído do mercado, bem como aconselhado seus clientes a fazer o mesmo.

A sincronia é um processo interior. E como o tempo futuro e o tempo passado são o domínio da intuição, o sentido de sincronia de quem decide advém diretamente dessa função interior. Esse processo não respeita o horário comercial; sua natureza se relaciona mais com o espaço de tempo. Como mostrou McMaster, sincronia é a capacidade de entrar em sintonia com o movimento dos elementos.

"É um processo que requer humildade, paciência e capacidade de ouvir. Ao mesmo tempo", acentua McMaster, "você precisa ter feito a sua parte. Não se trata de magia."

McMaster, cidadão do Texas, é considerado por outros operadores profissionais um dos melhores do ramo. Gary D. Halbert, gerente do escritório de Dallas da Clayton Brokerage Company, disse: "R. E. derrota os outros profissionais por três a zero quando se trata de prever viradas grandes e médias do mercado." Logo, não causa espanto que cinco exemplares do boletim de McMaster, *The Reaper*, sejam enviados toda semana à Casa Branca a pedido da equipe presidencial.

A convicção de McMaster é bem evidente até na escolha das palavras. Ele costuma falar usando aforismos bem elaborados. Por exemplo, quando está diante de uma tendência de mercado cujo rumo lhe parece incerto, sua filosofia é: "Na dúvida, fique de fora." "Um dos mais importantes atributos de quem tem de decidir", afirma McMaster, "é a paciência. Toda vez que se tem de forçar uma decisão e fazê-la funcionar, nunca vi ninguém tomar uma boa decisão, seja ela referente a uma pequena questão de negócios, a uma questão pessoal ou a uma questão de investimento."

Ou, nos termos que ele prefere: "O que faz a diferença é aquilo que você aprende depois que pensa que sabe tudo. A verdade mata quem se esconde dela." E, descrevendo sua maneira de ser diante das incertezas e ansiedades próprias de um mercado atordoantemente volátil, ele afirma apenas: "É um sofrimento de curto prazo para um lucro de longo prazo."

O sentido de convicção de McMaster também se baseia, em grande parte, na sua intuição. Adam Smith sustenta: "O que têm os bons administradores? Uma espécie de concentração interior, uma intuição, uma sensação, nada que se possa aprender na escola. A primeira coisa necessária é conhecer a si mesmo. O homem que se conhece pode sair de si mesmo e observar suas próprias reações como se fosse outra pessoa."

Smith também pensa que uma série de decisões de mercado termina por compor uma espécie de retrato pessoal. Ele diz: "Trata-se, sob certo aspecto, de um método de descobrir quem você é." Mas Smith se apressa a acrescentar: "Se você não sabe quem é, o mercado é um lugar muito caro para descobrir."

McMaster sabe com muita certeza quem é, para onde vai e onde esteve. Formado com distinção na Universidade de Houston, McMaster teve uma vida bem movimentada desde que deixou a casa dos pais em Okum, Texas. Foi capitão da Força Aérea durante a guerra do Vietnã, tendo servido como instrutor de vôo de aviões supersônicos e instrutor de cadetes na Academia da Força Aérea em Colorado Springs. Depois disso, trabalhou em Denver para o magnata dos imóveis Trammel Crow. Terminou por transferir sua base de operações para sua fazenda em Whitefish, Montana. Mudou-se então para Corpus Christi, a fim de ficar mais perto de sua base familiar no sul do Texas. Hoje, R. E. e sua mulher, Linda, vivem nos arredores de Austin com os seis filhos, que têm entre cinco e dezenove anos de idade.

Ao entrar no escritório de McMaster, tem-se uma idéia da atenção que R. E. dá aos detalhes. O escritório é meticulosamente limpo. Pendem da parede os vários troféus do seu trabalho, três dos quais lhe dão um orgulho particular. Um é uma carta do presidente da Guatemala agradecendo por seus conselhos e assistência em ajuda à economia guatemalteca. Há uma carta semelhante do governador das Ilhas Caimã. O terceiro é uma foto do cavalo de corrida Seattle Slew, de cujos direitos de procriação McMaster detém uma parcela.

Não é coincidência que esse velocíssimo cavalo ocupe um lugar proeminente no escritório de McMaster. Seu ex-gerente de negócios Rick Medley caracteriza McMaster como uma pessoa "rápida em tudo. Ele se move com a velocidade do relâmpago". Parece que a espirituosidade dele também segue o mesmo ritmo. Seus trocadilhos e frases de duplo sentido deixam a cabeça das pessoas girando. Seus atributos pessoais exigem de quem trabalha com ele uma clara concentração nos detalhes. McMaster exige que seus funcionários exibam em suas funções a mesma precisão que o caracteriza.

Além de ser um ávido leitor de livros não-ficcionais, McMaster se empenha em conseguir tempo para se afastar dos rigores do mercado. Seus passatempos vão da caça ao esqui na neve, passando por tocar piano, se bem que o favorito seja passar um dia de descanso com seu rebanho de lhamas, seis dos quais pastam nas terras de Whitefish. De início, ele os comprou para fins de reprodução. Porém, depois de tê-los adquirido descobriu que havia algo mais neles, algo de muito especial.

Rick Medley observou: "Depois de ficar com os lhamas uns cinco minutos, você passa a adorá-los."

McMaster concluiu que eles são mais do que animais de estimação fora do comum. "Eles são os animais mais sensíveis que eu já vi." A voz de McMaster assume um tom quase reverente. É esse mesmo tipo de sensibilidade que ele usa como metáfora em seu trabalho e nas suas negociações no mercado. "Se você é sensível, fica captando dados do seu ambiente", diz ele, "mesmo que eles não sejam prontamente categorizados de uma maneira culturalmente aceitável, como no caso da comunicação não-verbal. Se não vejo coerência e harmonia entre a comunicação não-verbal de uma pessoa e suas palavras, não faço negócio. As coisas têm de se encaixar. Têm de parecer certas." Ele procura a harmonia entre sua lógica e seus sentimentos. E se as duas não estão em harmonia, ele não negocia.

Uma das maneiras pelas quais McMaster verifica seu sentimento sobre essa congruência são os lhamas. "Eles identificam com exatidão o estado de espírito das pessoas", diz ele, "e sabem, quando ainda estou a quase trinta metros deles, se estou irritado, se vou alimentá-los, se estou tranqüilo, enfim, qual é precisamente a minha disposição de ânimo. Muitas vezes, levo pessoas para ver como os meus lhamas reagem a elas, o que serve para verificar a minha intuição." Se a pessoa não for aprovada no teste dos lhamas, o negócio não é concluído.

Medley concorda com a cabeça: "Já o vi fazer isso."

Obviamente, a sabedoria convencional sobre como deve agir um operador do mercado de *commodities*, ou, de resto, um diretor-executivo multimilionário, não é algo que tenha muito sentido para McMaster. "Sinto-me muito mais à vontade com a vanguarda e os filósofos do que com o homem de negócios do tipo Dallas/Dinastia." Mas apesar dessa abordagem, ou, quem sabe, por causa dela, ele tem tido um sucesso inacreditável. Contudo, o sucesso não é para McMaster a medida de todas as coisas. "Veja bem: há uma diferença entre ser bem-sucedido e ser sábio. Meu objetivo sempre foi o de ser sábio. Isso deixa a pessoa completa e equilibrada."

Sua perspectiva é de que a pessoa só é bem-sucedida quando alcança o equilíbrio, porque "todos temos apenas um recurso: um tempo limitado". A maneira como usamos esse recurso determina o nosso sucesso ou insucesso. No caso de McMaster, a sincronia tem sido o ativo mais importante.

Como ele diz sobre si mesmo: "Sou diferente." E de fato o é. Mas é também bem-sucedido, sendo esse o motivo por que as pessoas o escutam. É uma pessoa que faz dinheiro e faz sentido.

141

11

EUGENE KRANZ
O HOMEM E A LUA

Rationalists, wearing square hats,
Think, in square rooms,
Looking at the floor,
Looking at the ceiling.
They confine themselves
To right-angled triangles.
If they tried rhomboids,
Cones, waving lines, ellipses —
As, for example the ellipse of the half-moon —
Rationalists would wear sombreros.

Wallace Stevens, *"Landscapes"*

[Racionalistas, usando chapéus quadrados,/Pensam, em salas quadradas,/Olhando para o chão,/Olhando para o teto./Eles se limitam/Aos triângulos retângulos./Se experimentassem rombóides,/Cones, linhas onduladas, elipses —/ Como, por exemplo, a elipse da meia-lua — Usariam *sombreros.*]

O Centro Espacial Johnson, da NASA, instalado nas proximidades de Houston, Texas, assemelha-se a um amplo campus universitário. O Centro foi projetado como tal para a eventualidade de a NASA não ir adiante. Esse é um exemplo das decisões contingentes que por vezes têm de ser tomadas quando se está diante do desconhecido.

Uma interminável multidão de turistas percorre os vários prédios e exposições, olhando de boca aberta os enormes foguetes Saturno que levaram astronautas norte-americanos à Lua. Numa área de acesso restrito, estão os escritórios da administração da agência espacial. Depois de um labirinto de corredores, a porta do gabinete de Gene Kranz abre-se à direita.

Na qualidade de Diretor de Operações de Missão da NASA, Gene Kranz tem a seu cargo a operação de todos os vôos espaciais tripulados dos Estados Unidos. Ele é responsável por onze importantes divisões da NASA, cinco seções e sete mil pessoas que, juntas, controlam a direção e a administração geral das atividades de vôo, desenvolvimento de engenharia e operação de todas as instalações de apoio. Como o diz Kranz com simplicidade: "Tudo isso me faz correr como um louco. Felizmente, tenho comigo um pessoal excelente. Logo, quando se tem uma boa equipe e um emprego fascinante, pode-se fazer quase tudo." Ao que parece, desde o começo isso tem sido o que se espera de Kranz no Centro Espacial Johnson.

Uma das mais importantes responsabilidades de Kranz é o treinamento de controladores de vôos espaciais — as pessoas que manejam as mesas de controle e decidem que curso tomar uma vez que a nave tripulada abandone a rampa de lançamento. Kranz, enérgico e de queixo firme, é membro da equipe de vôos tripulados desde o tempo em que a NASA ainda não tinha instalações próprias. Ele tem o escritório cheio de artefatos de viagens espaciais, fotos e condecorações. Um calendário presenteado pelas suas filhas está na escrivaninha atulhada de coisas. Ele é um homem confiante que fala tudo desabridamente com um decidido sotaque texano. Kranz tem-se dedicado há três décadas a uma única coisa: planejar e executar todos os detalhes dos vôos espaciais tripulados norte-americanos. Nenhum americano ou americana foi ao espaço sem ter Kranz cuidando do seu bem-estar.

Uma de suas tarefas primordiais tem sido a de criar o ambiente e a cultura necessários à tomada de boas decisões em todos os vôos tripulados da NASA. Sua organização é formada por engenheiros e cientistas de alto nível de todo o país. "Você pode considerá-los maníacos espaciais", diz ele, "mas temos basicamente uma organização muito motivada. Nós nos treinamos. Cerca de um terço da minha organização está vinculada com o treinamento."

Kranz concebeu um programa de treinamento tão rigoroso que um operador de vôo passa de dois a três anos estudando para ser considerado apto a realizar as operações mais fundamentais. A maioria dessas operações envolve a preparação do operador para tomar decisões em apenas vinte segundos levando em conta dados provenientes de até duzentas fontes diferentes.

Um problema típico seria o desligamento de uma célula de combustível durante a fase crítica de uma missão. Que tipo de decisão pode ser tomada? "Basicamente," diz Kranz, "tomamos uma série de decisões menores que vão nos aproximando gradualmente do ponto em que o diretor de vôo pode reunir os fatos advindos de vários lados, momento no qual tomo a decisão de prosseguir com a missão ou de interrompê-la. São decisões do tipo risco *versus* ganho."

O ambiente que Kranz implantou para essas decisões é bem peculiar. Todos os participantes são treinados para pensar em voz alta. Eles formulam verbalmente seus processos de raciocínio a fim de que, se houver alguma inverdade em algum ponto deles, alguém possa percebê-la. Usando esse processo, ele e seus operadores podem tomar decisões de vida ou morte em questão de apenas vinte segundos — decisões 100 por cento corretas. Trata-se de uma marca muito difícil de manter. "É surpreendente", diz um Kranz orgulhoso, "como, depois de receber o treinamento adequado, você passa a considerar vinte segundos um tempo enorme. No decurso desse intervalo de tempo, você pode considerar todos os seus dados, identificar o problema, fazer uma verificação da validade dos dados, falar com outras pessoas e obter delas o seu parecer. Você pode falar com umas dez pessoas, você tem tempo para refletir, e, por fim, chegar à determinação do que fazer."

Na verdade, vinte segundos já constituem um luxo. Durante os estágios iniciais dos projetos Gemini, Kranz teve de treinar seus controladores a identificar entre cinqüenta e sessenta dados diferentes e agir a partir deles, com 100 por cento de eficiência, em no máximo 3 segundos! Isso era logo antes da ignição dos foguetes, momento em que era preciso verificar se havia força suficiente para a espaçonave vencer a gravidade e sair da plataforma de lançamento. Todo o tempo disponível eram 3 segundos.

Decisões desse gênero requerem um envolvimento total. Trata-se de decisões que podem custar até 1 bilhão de dólares se uma missão tiver de ser interrompida. Exigem, além disso, a capacidade de sintetizar informações com a mesma habilidade instintiva do samurai que antecipa os movimentos do oponente. Kranz mostra o emblema de sua organização, que é encimado por quatro estrelas. "Estas estrelas são disciplina, ânimo, resistência e competência", afirma ele. "Você já fez o treinamento que o levou ao estado em que o processo de decisão se torna intuitivo. É algo natural, uma coisa que você quase julga ter nascido com você. Essas decisões têm um impacto importantíssimo; você tem de tomá-las tendo o mundo inteiro a observá-lo, e nós somos, em última análise, os

144

responsáveis. Não temos ninguém que nos sirva de escudo. Trata-se de algo bem direto."

Se alguém conhece o gênero de envolvimento necessário para tomar essas decisões marcadas por um clima de alta pressão, trata-se do próprio Kranz.

Os olhos do mundo estavam fixos na Apolo 11, que estava prestes a levar três homens para um encontro que abalaria a perspectiva tradicional acerca do lugar que ocupamos no universo, com um "pequeno passo". Gene Kranz era diretor de vôo da missão lunar Apolo 11. Foi um vôo que levou consigo eras de sonhos, séculos de mitos e visões. Quando o foguete Saturno V disparou da plataforma 39A em Cabo Kennedy e a espaçonave de cem metros lançou-se em direção àquele céu nublado de julho, o espírito de pessoas como Galileu, Verne, Copérnico e Ticho Brahe vibrou por aquele grande momento. A humanidade tinha começado seu primeiro passeio à Lua.

Em Houston, enquanto a Columbia liberava seus dois primeiros estágios, Kranz e a equipe sentiam a pressão aumentar. Em três dias, a espaçonave chegaria à Lua e iniciaria sua aproximação final e seu pouso.

Cem horas depois de deixarem a Flórida, o módulo de comando Columbia e seu módulo de excursão lunar (LEM), o Eagle [Águia], se desacoplaram. "A Águia tem asas", anunciou Neil Armstrong, enquanto ele e Buzz Aldrin se separavam do módulo de comando e se preparavam para a manobra descendente de entrada em órbita que os levaria à superfície lunar.

Mas nem bem o Eagle alcançara vôo e começaram a aparecer problemas para Kranz. "Tínhamos cometido um erro no momento de separar a espaçonave", recorda-se Kranz. "Não tínhamos evacuado o túnel que ligava os dois aparelhos. É como tirar a rolha de uma garrafa de champanhe: assim que se solta, a rolha salta longe."

Para fazer o módulo lunar pousar na Lua, era preciso levá-lo a seguir um curso elíptico até a superfície. O "efeito champanhe" retirara o Eagle de sua elipse normal, deixando o módulo bem mais perto da superfície do que se esperava que estivesse ao iniciar a descida. Kranz e sua equipe puseram-se imediatamente a trabalhar. A nova trajetória estava conduzindo o módulo para pousar num monte de pedras. "Estávamos perto do limite de cancelamento antes mesmo de começar a agir", disse Kranz.

"O controlador de direção e eu tínhamos de decidir imediatamente de onde vinha aquele ar e se ele continuaria a aumentar." Ao mesmo tempo, surgiu um súbito problema de comunicação. Os engenheiros da NASA tinham errado no cálculo e na análise da intensidade dos reflexos que seriam produzidos pela superfície da nave. Kranz tinha de "adivinhar o motivo da impossibilidade de comunicação". As transmissões estavam fracas e cheias de interferências. Era essencial que a comunicação fosse clara, especialmente naquele momento em que eles iriam fazer uma manobra para a qual a comunicação era vital.

Como se tudo isso não fosse preocupação suficiente, apareceu um terceiro problema: o módulo de excursão lunar tinha defeitos de instrumento. A tripulação não conseguia ler os valores da energia elétrica em corrente alternada que alimentava os giroscópios e outros mostradores. Kranz também tinha de cuidar disso, determinando na Terra se tudo ainda estava bem.

Os dois módulos ainda estavam próximos um do outro — Armstrong e Aldrin no LEM e Mike Collins no módulo de comando. Eles estavam dando sua décima terceira volta na Lua. Cada vez que a nave passava por trás da Lua, ocorria o que os operadores de vôo denominam LOS (*loss of signal*), ou perda de sinal, o que, evidentemente, era esperado. O Controle da Missão transmitiu para o mundo inteiro, que esperava contendo o fôlego, pela televisão e pelo rádio: "Estamos agora a quinze minutos da perda de sinal do módulo lunar. O diretor de vôo Gene Kranz pediu aos controladores que revejam todos os seus dados e façam um cuidadoso exame da espaçonave, preparando-se para tomar decisão de prosseguir ou de parar a inserção na órbita descendente, ou DOI (*descent orbit insertion*)."

A decisão de Kranz foi prosseguir. "Tomei a decisão considerando aqueles problemas, de ir adiante, porque, isoladamente, nenhum deles era ameaçador." A decisão teve de ser tomada com rapidez, porque a manobra DOI começou quando o módulo estava na parte oculta da Lua, impossibilitado de comunicar-se com o controle de terra. Quando o Eagle ressurgiu e o sinal foi recuperado, Kranz deu mais uma ordem de prosseguir — a do acionamento dos motores para a descida. Ele fez isso apesar do fato de, até dois minutos depois de iniciada a descida, todos aqueles problemas continuarem a escapar do controle do diretor de vôo e do seu pessoal.

De repente, as coisas pioraram. Soou um alarme do LEM e Neil Armstrong começou a falar: "12 02, 12 02". Kranz viu-se então diante

146

de uma decisão importante, em que o tempo tinha papel absolutamente crítico. O computador lhes dizia que não teria tempo para realizar todas as operações que eles o tinham programado para fazer. Ele passava de imediato à tarefa mais prioritária e, quando lhe faltava tempo para concluí-la, passava à próxima prioridade da lista e continuava a proceder dessa maneira. "A preocupação com esse alarme", disse Kranz, "era que o computador começaria a ficar cada vez mais lento. E esse alarme se transforma no alarme 12 02, que faz o computador parar e esperar instruções. E quando é o computador que está levando a nave à superfície da Lua, esse não é o lugar para isso acontecer."

Um mês antes, isso tinha acontecido num vôo simulado. Os computadores começaram a indicar "12 02", e fora preciso interromper o pouso. Porém, de acordo com um dos controladores da NASA, Charlie Duke, depois dessa ocorrência "Kranz fez uma coisa brilhante". Ele reuniu todos os envolvidos com a área — projetistas, controladores e o pessoal de apoio — e revisou em conjunto, etapa por etapa, todas as possíveis causas de um alarme. Eles consideraram possibilidades que ninguém poderia imaginar. Um dos alarmes que ninguém considerava possível era o 12 02. Mas Kranz o levou em conta e não quis correr riscos. Ele preparou seu pessoal.

Foi decidido depois da simulação que, se os alarmes 12 02 não fossem constantes e o computador pudesse voltar logo a funcionar, o pouso teria prosseguimento.

Mas isso era uma simulação. Agora, na realidade, Kranz e seu operador de direção tinham de decidir se interrompiam a primeira tentativa de pousar na Lua, que iria acontecer dali a minutos, ou seguiam em frente. Primeiro eles tinham de diagnosticar o que estava acontecendo com o computador de bordo e, em seguida, resolver o problema do local do pouso. "Íamos ficando cada vez mais sobrecarregados na terra." Kranz se recorda: "O tempo inteiro eu acompanhava os problemas, mas sabia que estávamos seguros e que deveríamos prosseguir com a descida."

A única coisa a fazer com relação ao erro de trajetória era encontrar um novo ponto para o pouso do LEM. Mas enquanto a nave se aproximava do solo surgiu mais uma dificuldade: uma luz se acendeu no Controle da Missão, indicando que o Eagle só tinha mais trinta segundos de combustível.

O plano inicial fora de que o módulo estaria no solo nesse ponto, mas como ocorrera o erro de separação, a nova trajetória os levara para

147

um monte de pedras. Eles então tiveram de contornar esse obstáculo e o processo gastara as reservas de combustível. Kranz decidiu não dizer isso à tripulação aos trinta segundos. Aos quinze, porém, com o módulo ainda voando, ele avisou, dizendo que estavam iniciando a contagem regressiva para interromper a descida. Mas Kranz sabia que iriam conseguir pousar. Ele ordenou que prosseguissem.

"Quando o pouso aconteceu", lembra-se ele, "tínhamos apenas sete segundos de combustível."

Veio o grito: "O Eagle pousou." O mundo enlouqueceu. As pessoas comemoravam nas ruas. Em Paris, nos Champs Élysées, os franceses tinham instalado aparelhos de televisão em lojas e em salões elegantes. Aquele não era um evento puramente norte-americano, mas humano, e produziu uma radical alteração da visão de mundo da humanidade de maneira completamente pacífica.

No Controle da Missão, o trabalho de Kranz não estava terminado. Enquanto todos os dignitários comemoravam atrás de uma divisória de vidro, ele teve de passar do pouso da nave na Lua para as chamadas decisões de "ficar ou não ficar". Uma vez na Lua, eles tinham de iniciar uma contagem regressiva para uma possível decolagem imediata. Durante a contagem, de mais ou menos sessenta segundos, tinham de examinar a espaçonave para assegurar-se de que nada fora danificado. Tinham de determinar se todos os sistemas ainda estavam bons e ter certeza de que o pouso não ocorrera num terreno mole e a nave não estava prestes a afundar. Tinham, além disso, de estar certos de que a exaustão gerada pela descida com os motores ligados não tinha lançado pedaços de pedra nos tanques.

O entusiasmo e a carga emocional desse acontecimento deixaram Kranz, pela primeira vez, perdido. "Eu não conseguia começar a agir. Estava sem fala. Chegara a um ponto..." — sua voz se perde enquanto ele se recorda daquela tarde de 19 de julho no Texas. "Os consoles dos monitores de TV tinham suportes dos lados e eu estava me agarrando a eles com tanta força naquele último minuto, usando a chave do meu pé para me comunicar, que não conseguia iniciar a contagem regressiva. Terminei por bater o antebraço no console (arrancando-o do suporte) e, falo sério, tive uma hemorragia do cotovelo até o pulso, tão forte foi a batida. Por fim, consegui me mexer e iniciei a contagem regressiva para a decisão de ficar ou não ficar. Mais uma vez conseguimos, e preferi ficar. Só então pudemos de fato nos sentar por alguns segundos e dizer: 'Vejam só, conseguimos pousar na Lua!'"

148

O conhecimento de Kranz, seu treinamento e sua noção dos limites, tanto de tempo como de capacidade, o levaram a um ponto "em que as decisões se tornaram intuitivas". Então, seu compromisso com essas decisões e sua atitude de ser fiel a si mesmo e a seus métodos compensaram.

Numa área menos política, também há momentos em que uma decisão intuitiva é o único recurso possível para salvar a vida de alguém. Como Diretor de Operações de Missão, Gene Kranz teve de tomar algumas decisões dessa natureza. Uma em particular começou com uma simples e calma comunicação: "Houston, acho que temos um problema."

Três dias antes, a Apolo 13 tinha saído de Cabo Kennedy às primeiras horas de uma manhã de primavera. Os astronautas Jim Lovell, John Swigert e Fred Haise tinham a expectativa de vir a ser o terceiro grupo de astronautas a pisar na Lua. Mas quando estavam a meio caminho, surgiu um problema.

A melhor palavra para descrever a vida a bordo de uma espaçonave Apolo é "apertada". A Apolo 13 se compunha de três seções: o módulo de comando, o módulo de serviço e o módulo de excursão lunar. O módulo de comando, em forma de cone, a casa dos astronautas, alcançava apenas 3,3 metros de altura. Os astronautas passavam a maior parte do tempo nele. Esse compartimento estava entre os módulos de serviço e o lunar.

Naquele fatídico dia 13 de abril, Lovell e Haise tinham acabado de checar o LEM, chamado Aquarius. Lovell já estava no túnel, voltando para o módulo de comando, Odissey, onde Swigert operava os controles. De repente, ouviu-se uma grande e ruidosa explosão.

Lovell e Swigert julgaram que Haise apenas liberara uma válvula no Aquarius, como planejado. Mas não se tratava disso. Haise voltou ao Odissey, fez um exame imediato dos instrumentos e descobriu que um dos sistemas elétricos principais estava enfraquecendo rapidamente. Swigert notificou o Centro de Controle. Gene Kranz tinha a seu cargo, na época, o controle de vôo. Ele e sua equipe diagnosticaram rapidamente a situação como de vida ou morte. O primeiro curso de ação consistia em fazer a tripulação sair do módulo de comando, refugiar-se no módulo lunar e cortar o suprimento de energia do Odissey. O LEM, com sua fonte de energia, seria o bote salva-vidas dos astronautas.

Com a tripulação no LEM, Kranz tinha duas opções, ambas destinadas a preservar os sistemas — bem como, em conseqüência, a vida dos astronautas — da melhor maneira possível.

A primeira era tomar o caminho mais curto e mais rápido para casa. Isso significava que os astronautas teriam de usar o sistema de propulsão do módulo de serviço danificado e descartar o LEM — se o sistema de propulsão do módulo de serviço tivesse condições de uso. A segunda escolha era tomar o caminho mais longo para casa: circundar a Lua e voltar para a Terra. Isso significava que os astronautas teriam de confiar no LEM, mas este havia sido projetado para um uso de apenas vinte e quatro horas. O dilema para Kranz, nesse caso, era o de fazer o módulo durar noventa e seis horas. Ninguém sabia se isso era possível. Mas ainda assim essa não era a principal consideração. O verdadeiro problema residia no fato de que, uma vez que fizesse o artefato voltar à Terra, Kranz ainda teria de descobrir uma maneira de separar o módulo de comando do LEM.

"Eu tinha uma idéia intuitiva a esse respeito", diz Kranz. "Como tinha dirigido várias missões do LEM — eu usei o LEM para pousar na Lua, assim como na Apolo 5 e na Apolo 9 —, eu sabia que ele era um veículo resistente. Minha intuição dizia que, usando o LEM, eu teria mais chances de resolver o problema do que se me arriscasse a usar o sistema de propulsão do módulo de serviço sem saber como ele estava. Senti que teria mais controle sobre os fatores imponderáveis se usasse o LEM."

Kranz chegou à sua decisão. Os três astronautas passariam os próximos quatro dias amontoados no minúsculo LEM, projetado para o transporte temporário de dois homens.

"Percebi que, uma vez iniciado o processo (com o LEM), encontraria uma solução", afirma Kranz. "Mas se eu usasse o sistema de propulsão do módulo de serviço e estivesse errado, perderia todas as minhas opções." E perderia igualmente três astronautas e a espaçonave. "Minha intuição me dizia que era melhor manter as opções na minha frente, embora o risco de seguir qualquer direção fosse muito grande."

Como mostra a história, a intuição de Kranz estava certa. O suprimento de energia e de ar do LEM suportou a carga. Os motores do módulo lunar impeliram a nave ao redor da Lua e de volta à Terra.

Quando se aproximava da Terra, a Aquarius teve seus motores ligados outra vez. Os engenheiros de vôo vinham trabalhando a todo vapor para descobrir o ângulo certo de entrada na atmosfera terrestre. Eles só contavam com uma chance. Tinham de conduzir a nave por uma estreita passagem entre o espaço e a Terra. Com os motores ligados, os astronautas passaram rapidamente para o módulo de comando desativado e se soltaram do módulo de serviço danificado e do seu salva-vidas, o Aquarius. Pela primeira vez eles puderam ver os sérios danos sofridos pelo módulo de serviço. Se Kranz tivesse decidido trazê-los pelo caminho mais rápido, eles certamente teriam perdido a vida. Agora faltava pouco para tudo dar certo. Quando os pára-quedas apareceram no módulo de comando, os gritos de alegria tomaram conta do Centro de Controle. Mas só depois de quarenta e cinco minutos da queda, quando o porta-aviões *Iwo Jima* recolheu os cansados astronautas, a tensão de Kranz teve alívio.

Kranz confiara em sua intuição numa circunstância em que a opção mais lógica — trazer os astronautas para casa com rapidez — era a decisão que os teria matado. Kranz a chamou de sensação interior. Ele tomou uma decisão tendo nas mãos a vida de três pessoas, e com certeza foi preciso coragem para isso. A decisão exigiu que ele confiasse em tudo o que sabia e em tudo o que aprendera, um salto intuitivo de proporções literalmente astronômicas. Graças a isso, Lovell, Swigert e Haise voltaram para contar a viagem de três homens num cubículo ao redor da Lua.

O ditado segundo o qual "a experiência não é o que lhe acontece, mas o que você faz do que lhe acontece" certamente se aplica a Gene Kranz. A partir de uma perspectiva intuitiva, a experiência proporciona o alicerce para a adoção de um ponto de vista. Como disse Alan Kay, "o ponto de vista vale 80 pontos de QI". E quando se trata de tomar decisões, o ponto de vista é provavelmente o aspecto mais importante.

De que maneira se deve agir para desenvolver a perspectiva correta? Essa questão quase equivale a perguntar como se faz para escolher uma religião. Grande parte do ponto de vista das pessoas tem vínculo com suas crenças e valores. Se as crenças e valores de quem decide forem restritos, é bem provável que o seu ponto de vista também o seja. Se, contudo, a pessoa for receptiva ao mais variado conjunto de pontos de vista possível, então, como disse Kranz acima, ela pode reunir num espaço de tempo limitado como vinte segundos uma impressionante quantidade de informações.

Andrew Grove, da Intel Corporation, denomina essa coleta de informações de "livre discussão". Outro nome para ela é *"brainstorm"*. Numa atmosfera em que as pessoas sentem que podem dizer livremente o que pensam, o *brainstorm* estimula o surgimento de muitos pontos de vista diferentes. É porém crucial que o diálogo seja conduzido da maneira mais irrestrita possível: todas as idéias surgidas num *brainstorm* têm de ser registradas. Só mais tarde, depois da sessão, deve-se organizá-las por ordem de prioridade. Quando todos são tratados como iguais e nenhuma idéia é desdenhada, podem aflorar algumas soluções incrivelmente inovadoras e criativas. Durante essas sessões de livre discussão, quem toma decisões precisa ouvir. Como assinala Grove, "cada vez que uma introvisão ou fato são deixados de lado e uma pergunta apropriada é suprimida, o processo decisório fica aquém do grau de excelência que poderia alcançar".

Como fez Kranz na NASA, tem-se de criar uma cultura organizacional que sustente um ambiente que valoriza pontos de vista variados e muitas vezes conflitantes, e leve em conta muitas opções. A criação dessa cultura é o trabalho do líder.

A importância do *brainstorm* para o tomador de decisões reside no fato de que, quanto melhor essa pessoa tiver ouvido, tanto mais preparada estará a sua intuição. Mais uma vez, o ponto de vista tem relação com a experiência. Quanto mais ampla for a sua perspectiva, tanto mais os tomadores de decisões podem fazer com o que lhes acontece.

Kranz e seu pessoal de treinamento de controladores de vôo partilham dessa opinião. Eles instituíram um programa chamado Administração dos Recursos da Cabina [*Cockpit Resource Management*] (CRM). Esse processo foi criado originalmente para a administração de crises na cabina de aviões. De acordo com Kranz, "ele permite que as tripulações e os operadores de vôo estimulem sua resposta intuitiva às pessoas com quem estão trabalhando a fim de encontrar a solução para um problema".

O CRM altera de modo dinâmico os papéis e funções dos membros das tripulações de vôo. As relações tradicionais entre piloto, co-piloto e engenheiro são modificadas de tal modo que, quando da ocorrência de um problema, as três pessoas que estão na cabina podem fazer um rápido *brainstorm* sem ter medo de criticar o comandante da operação. Se os procedimentos e técnicas preestabelecidos não estiverem produzindo os resultados desejados e a crise tiver continuidade, todos os tripulantes têm o direito de ignorá-los para tentar encontrar uma solução. O capitão pode estar no comando, mas já não detém o controle absoluto.

Esses exercícios de formação de equipe também são aplicados aos controladores de vôo. Frank Hughes dá aulas de CRM para a NASA. Ele assinala que,"quanto maior o grupo, tanto mais difícil o processo. Tentamos levar os controladores a dizer: 'Posso parecer um salmão nadando contra a corrente, mas creio que há algo errado e que estamos vendo apenas os sintomas disso.' Queremos que as pessoas dêem sua opinião na arena do centro de controle".

Os exercícios usados nesse treinamento são concebidos para simular falhas que podem levar os controladores a conclusões erradas. Fazendo isso, Hughes e Kranz crêem que estão ensinando seu pessoal a ouvir a própria intuição e agir a partir do que ela diz. Tem igual importância a derrubada das barreiras hierárquicas tradicionais. Hughes acha que, se mais membros da tripulação agissem com base em suas percepções intuitivas e dissessem o que pensam, menos vidas seriam perdidas desnecessariamente em acidentes ligados às viagens. Como ele diz: "Se o capitão do *Titanic* contasse com uma tripulação ou com auxiliares como os nossos, eles talvez tivessem se saído melhor."

Para que esse tipo de mudança dramática de cultura ocorra na cabina de uma espaçonave ou no centro de controle de vôos espaciais, é fundamental uma enorme confiança por parte da liderança nas respostas intuitivas de todos os envolvidos. Kranz sabia que, estabelecendo uma cultura receptiva, as respostas viriam tal como vieram tantas vezes a ele.

É importante notar que, embora Kranz e sua equipe altamente treinada tenham aprendido a ouvir suas respostas intuitivas em circunstâncias de alta pressão, há momentos em que transpiram eventos imprevisíveis. O desastre da *Challenger* foi um exemplo. Tanto no momento como retrospectivamente, Kranz afirma não se lembrar de nada que lhe dissesse "Hoje não é um bom dia para voar". Seu trabalho era observar as dimensões das atividades de vôo da decolagem até o momento em que a tripulação saísse da astronave. A decisão de lançar ou não a *Challenger* cabia à equipe de administração da missão e ao diretor do programa no Centro Espacial Kennedy, e não a Kranz.

Se a experiência é aquilo que você faz com o que lhe acontece, terá a experiência da *Challenger* mudado o processo de decisão de Kranz? Uma coisa que ele percebeu foi: "Pela primeira vez na vida, tive de encarar o fato de o público norte-americano não ter consciência dos riscos dos vôos ou das explorações espaciais. Essas atividades são perigosas por natureza, e esforçamo-nos muito por apresentar de modo inteligível a razão de essas coisas perigosas serem importantes. Tentamos administrar os riscos, mas não pensamos em desistir por ter tido um mau dia."

A perda da *Challenger* adicionou um ônus ao vigésimo sexto vôo do ônibus espacial. A preocupação de Kranz era a de que outra falha provocasse um enorme atraso no programa espacial. "Pela primeira vez na minha vida", diz ele, "senti uma pressão a que não estava acostumado. Há uma série de coisas que fazemos no espaço que nunca foram feitas antes. Algumas delas não dão certo."

Um desses riscos ocorreu em julho de 1992, quando a NASA tentou puxar um satélite avariado com um cabo de dezenove quilômetros pela atmosfera bem rarefeita do espaço. Antes do lançamento, Kranz deixa claro, "era quase impossível prever o que aconteceria. Estamos reescrevendo o manual de física. Mas temos de descobrir uma maneira de dizer ao público norte-americano que nos aventuramos em terrenos até então virgens. A partir da *Challenger*, temos estado face a face com a questão do risco em todos os vôos. Sabemos que todo o futuro da NASA, do programa espacial norte-americano e talvez da economia norte-americana depende de cada missão que realizamos. Para falar bem claro, não é nem um pouco agradável ter esse tipo de pressão sobre o sistema".

Essa pressão, acredita Kranz, é o que está impedindo o programa espacial de operar com toda a eficiência de que é capaz, tanto em termos de tempo como de dinheiro. E manter sob controle o tempo e o dinheiro gastos em operações de missão é uma das principais tarefas de Kranz. Supervisionar os detalhes dessa operação gigantesca e fazer que os vôos da NASA continuem a ser quase 100 por cento bem-sucedidos é algo que requer um claro sentido de direção. Para Kranz, essa é uma parcela comprovada de suas capacidades intuitivas. "Escolho um curso de ação e mantenho as antenas ligadas. Uma vez iniciado esse curso, olho, escuto e observo para verificar se há algo que parece anormal. Em geral, me inclino a saber disso num espaço de tempo bem curto. E, com essas grandes somas de informação se movimentando com enorme rapidez, sinto no meu próprio corpo — isso mesmo, no corpo — que estamos no caminho certo."

Quando se está numa espaçonave orbitando a 400 quilômetros da superfície terrestre, todos querem contar com alguém cujas antenas estejam sintonizadas em todas as freqüências. Às vezes a intuição é a única função disponível no momento de uma decisão crucial. Simplesmente não há tempo para seguir todos os procedimentos previstos. E, como podem comprovar os tripulantes da Apolo 13, ter um sentido intuitivo comprovado e confiável pode de fato significar a diferença entre a vida e a morte.

12

DR. LEWIS R. GOLDFRANK
EMERGÊNCIA!

Não quero alcançar a imortalidade por meio da minha obra...
Quero alcançá-la não morrendo.

Woody Allen, *Death (A Play)*

Dispor de tempo para fazer uma bateria de testes para chegar a um diagnóstico correto e submeter a escrutínio e debater os meandros de uma doença que causa perplexidade é um luxo a que certos médicos raramente podem se dar. Na qualidade de chefe do departamento de serviços de emergência do Hospital Bellevue, da cidade de Nova York, o doutor Lewis Goldfrank tem sorte quando consegue tempo para saber o nome do paciente que está tratando. No setor de emergência, Goldfrank e seus médicos, enfermeiros, alunos e voluntários se vêem continuamente diante de decisões de vida ou morte que têm de ser tomadas com base em informações extremamente restritas. Em boa parte das vezes, eles dispõem apenas dos sintomas evidentes, de sua percepção, de sua experiência e da síntese disso tudo na forma de intuição.

Quando abriu as portas pela primeira vez em 1658, o Bellevue tinha como propósito primordial atender aos soldados e escravos da Companhia das Índias Ocidentais holandesa. Na época, a cidade de Nova York, então Nova Amsterdã, tinha uma população de umas mil pessoas.

O cuidado hospitalar passou por várias mudanças importantes desde a época do barbeiro-cirurgião Jacob Hendrickssen Varrenvanger, o fundador do Bellevue, mas a localização do hospital é a mesma desde

155

o começo dos anos 1800. Essa velha rainha dos hospitais municipais da parte central da cidade continua à beira do East River, em Manhattan. Poucos monumentos norte-americanos competem com essa instituição em termos dos eventos históricos em que estiveram envolvidos. Para Page Cooper, o Bellevue ainda evoca imagens de "drama, desespero e milagres, todos em sincronia com o próprio ritmo de pulsação da cidade". Ele acolheu vítimas da febre amarela durante a guerra de 1812 e acolhe os indigentes e mentalmente perturbados da Manhattan dos nossos dias. Sempre que outro hospital não quer um paciente, este acaba indo para o Bellevue.

O departamento de serviços de emergência fica na parte de trás do hospital. Ele está sob a supervisão do doutor Lewis R. Goldfrank. Seu pequeno gabinete atulhado, com estantes apinhadas de livros, umas das aquarelas dos seus filhos na parede, fica no meio do furacão que lhe cabe dirigir. Não há um lugar afastado onde Goldfrank possa se esconder para evitar o constante assédio do departamento de emergência. Mesmo ali a atmosfera é carregada. Tudo e todos parecem estar em tensão e a postos. É um clima no qual Goldfrank floresce.

Vem o chamado de um paramédico: estão trazendo um paciente em estado de coma. Uma maca vai passando pelas portas e o paciente é levado para a sala de emergência. Um médico já está avaliando se o paciente está vivo ou morto, respirando ou não, com atividade cerebral ou não. Os sinais vitais são verificados: pulsação, pressão sangüínea, respiração. O paciente está azul (sem oxigênio)? Amarelo (icterícia profunda com insuficiência hepática)? Está branco por ter perdido sangue? Essas observações desencadeiam o processo de decisão da emergência. "A diferença entre a nossa atividade e a do ambiente clínico é que lá todos supõem que o paciente esteja vivo. Nosso primeiro passo é ver se a pessoa está viva ou morta. Em seguida, decidimos se o seu estado é de emergência, de urgência ou de não-urgência." Trata-se do processo de "triagem", no qual o médico tem de decidir se o paciente precisa ou não de assistência imediata. E esse médico dispõe de meia hora, de uma hora, de meio dia ou de uma semana?

Goldfrank descreve o ambiente de um setor de emergência como uma galeria de arte caótica. A maioria dos museus é organizada e dividida em salas. Mas "se tivéssemos os Rembrandts misturados com os Gauguins e Mirós", diz Goldfrank, "e tudo estivesse lançado num caos absoluto, e fôssemos de uma emoção para outra, digamos, da *Guernica* para um

156

campo do sul da França pintado por Van Gogh... É essa a experiência de um setor de emergência: totalmente imprevisível."

Num dado momento, o médico trata de uma abastada vítima de um acidente e logo depois de um paciente em coma encontrado na rua. O setor de emergência enfrenta uma inflação diária de pacientes em coma. Com poucas informações nas mãos, em geral nenhum dado de laboratório nem elementos do histórico do paciente, o médico tem de usar todos os fragmentos possíveis extraídos da aparência, dos bolsos ou do odor do paciente. Tudo o que possa determinar onde a vítima esteve é importante. O paciente usa uma tipóia por ter sido atendido recentemente em outro hospital? Usa um bracelete de alerta médico? Tem cicatrizes nas veias? Pó branco perto do nariz?

Enquanto o médico examina os bolsos, talvez encontre um vidro de comprimidos com o nome da farmácia. Goldfrank observa que 50 por cento das drogas que a pessoa diz ter tomado em *overdose* não são as drogas tomadas.

Um dos poucos indícios que um médico da emergência tem e que falta aos médicos dos outros setores é estar o paciente usando suas próprias roupas. É extremamente importante para Goldfrank ter condições de perceber como a pessoa se vestia na comunidade. Ele pode ver se um chapéu se encaixa adequadamente. Se não se encaixa, isso significa a possível existência de um tumor no cérebro? Os sapatos não cabem nos pés; há incontinência fecal ou urinária. Eis os sinais que o dr. Goldfrank tem de interpretar a fim de juntar as peças do quebra-cabeça que fez o pobre desgraçado ir parar no setor de emergência.

O trabalho é complicado pelo fato de, no Bellevue, ele e sua equipe terem de distinguir continuamente o paciente que de fato tem o corpo doente daquele cuja doença está na mente. Goldfrank tem um axioma que usa o tempo inteiro: "Se parece doente, a pessoa está doente."

Um dos mais importantes instrumentos do médico da emergência é a intuição. Goldfrank procura nos que trabalham com ele um sentido intuitivo altamente desenvolvido. A intuição é o que distingue os médicos mais estruturados, algorítmicos e que têm dificuldade num serviço de emergência daqueles que saboreiam o imprevisível e florescem na criatividade por ele exigida.

Goldfrank cita o caso de uma senhora que fora recentemente à emergência. Ela se queixou de dores no peito. Ele a examinou, fez um eletrocardiograma, ou ECG, e não descobriu nada. Verificou todos os seus

157

sinais vitais — nada. Revisou todas as suas experiências recentes e passadas — e nada. Ela apenas se queixava de dores no peito. Sem nenhuma evidência concreta e à luz do fato de ter de continuamente distinguir o paciente doente daquele que acha que está doente, ele a mandou imediatamente para a unidade de tratamento intensivo. Poucas horas depois, ela teve um fortíssimo ataque cardíaco. Se ele a tivesse mandado embora, a coronária a teria matado.

Goldfrank testa com freqüência as respostas intuitivas dos seus médicos. Apresenta continuamente a internos e residentes perguntas elaboradas a partir de casos hipotéticos. São perguntas do tipo "dadas essas informações limitadas, que curso de ação você recomenda?" O diagnóstico no setor de emergência costuma ter como base a capacidade de o médico sintetizar com rapidez evidências e experiência. A intuição é parte essencial do processo. Segundo Goldfrank, simplesmente não há tempo de usar algoritmos, consultar os manuais nem seguir todos os procedimentos. "Aqui, o médico age como detetive", repete ele. Seu principal instrumento? "A lógica intuitiva."

Chegam ao setor de Goldfrank mais de trezentas pessoas por dia. Elas esperam em filas de cadeiras plásticas vermelhas e azuis, enquanto um aparelho de TV ligado transmite suas mensagens num volume bem baixo. Toda uma parede está coberta com um mural pintado por crianças em cores brilhantes, descrevendo a visão infantil da vida e da morte; fantasmas, helicópteros, uma Terra verde sustentada por mãos brancas e pretas, um macaco, uma *menorah*, um símbolo de yin-yang. A vida de uma criança na cidade.

Os pacientes do setor de emergência não são recebidos apenas por médicos e enfermeiros, mas também por alunos do segundo grau das escolas locais. Trata-se de jovens de ambos os sexos com dificuldades na escola ou que talvez estejam tentando entender o sentido da vida, o que é a doença ou a razão de as pessoas terem problemas. Há também alunos de faculdade sonhando com uma carreira médica, voluntários conhecidos como advogados dos pacientes e estudantes de medicina. Antes de encontrarem seu primeiro paciente, esses auxiliares e estudantes fazem um curso de ética. Eles aprendem a compreender o que leva as pessoas ao setor de emergência — a medicalização das questões sociais.

Goldfrank afirma: "Tentamos desenvolver um sistema que obrigue as pessoas a discutir o ser humano como um todo, levando em conta ao mesmo tempo as toxinas que circulam nas veias, os eletrólitos ou a fratura. Elas têm de aprender a tomar sobre si a responsabilidade pelo paciente. Elas têm de fazer contato." Goldfrank consegue isso levando sua equipe a fazer um histórico e a falar com as pessoas. Para tratá-las eficazmente, a equipe de Goldfrank tem de entender o mundo de onde essas pessoas vieram. Tem de saber o que é não ter um teto para se abrigar e o que significa a pobreza, o abuso de substâncias químicas, o espancamento da mulher pelo marido e o alcoolismo. "Quando faz isso, a equipe sente pela pessoa muito mais do que o exame computadorizado ou o raio X podem mostrar. O que esses exames indicam não é a pessoa. Os pacientes vêm em péssima situação. Eles têm de confiar em mim, têm de acreditar que posso ajudá-los. Tenho de mostrar-lhes que me importo com eles. Tenho de entender por que eles estão ali — e sem perda de tempo." Ao contrário do médico cujo paciente está num leito em outro lugar do hospital, Goldfrank não tem o privilégio do tempo. "Tenho de resolver meus problemas assim que eles surgem."

Para a felicidade de quem vai parar na emergência do Bellevue, Goldfrank literalmente escreveu o manual de emergências toxicológicas. Seu manual descreve todas as maneiras pelas quais as pessoas reagem a vários venenos, bem como o que o médico da emergência deve examinar e fazer em quase todas as circunstâncias de envenenamento. Por exemplo, qual o diagnóstico a ser feito quando uma família de quatro pessoas é levada ao hospital em vários graus de consciência — duas com parada cardíaca e duas quase inconscientes? O que ele deduz quando os motoristas da ambulância contam que os animais de estimação da família foram encontrados mortos na sala? Quais os indícios a seguir? Que intervenção o médico tem de fazer? Ou talvez quando um homem de meia-idade, diabético não dependente de insulina, é encontrado inconsciente na estufa de plantas e levado em coma profundo para a emergência. Não há sinal de trauma nem odores. Quais as principais considerações para o diagnóstico? Que intervenções terapêuticas imediatas são indicadas? Que substâncias podem produzir essa síndrome?

Goldfrank forma seu pessoal para aguçar o sentido intuitivo. "Ando sempre com uma caderneta no bolso, onde anoto as perguntas que as pessoas me fazem. Reúno-as e uso-as em palestras. São coisas como as dez razões mais comuns para um paciente chegar com a pele azul." Esse tipo de treinamento prepara os médicos para que, quando se virem com um problema nas mãos, eles mesmos possam perceber quais os sinos da intuição que tocam em sua mente. Goldfrank volta ao tema do detetive. "Como Sherlock Holmes, você tem de determinar qual é o problema. Ele pode parecer raro, mas de que maneira se relaciona com outras coisas? Nada é irrelevante. Cada fragmento de informação tem valor, mesmo que você não consiga compreendê-lo agora. Você pede às pessoas que olhem, cheirem, sintam, peçam descrições e façam uma avaliação a partir de coisas que você poderia não entender." Em resumo, você sintetiza aquilo que sabe e deixa que a lógica intuitiva de cada um assuma o comando.

O cheiro tem especial relevância nesse processo. Ele é também um dos sentidos que vários tomadores de decisão associam com as decisões, afirmando muitas vezes que podem sentir o cheiro de uma decisão. Há uma boa razão para isso. O nervo olfativo se compõe de células cerebrais e está diretamente ligado com o sistema límbico, a parte do cérebro que controla a memória. Este é o único sentido ligado de modo direto com o cérebro. Isso explica por que as pessoas entram na cozinha e, sentindo o cheiro de peru assado, são transportadas de imediato a um acontecimento da infância associado com esse cheiro.

O falecido dr. Lewis Thomas escreveu, num ensaio intitulado "Sobre o Olfato": "O ato de cheirar alguma coisa, qualquer coisa, é notavelmente parecido com o ato de pensar. De imediato, no próprio momento da percepção, você sente que a mente se põe a trabalhar, fazendo com que o odor percorra vários lugares, ativando pelo cérebro repertórios complexos, vasculhando centro após centro em busca de sinais de reconhecimento, velhas lembranças, vínculos."

O que, então, faz de alguém um bom médico do setor de emergência? Goldfrank desfia uma relação de qualificações que só podemos desejar que todos os médicos tivessem: "Apreciar os seres humanos. Gostar de resolver problemas insolúveis, ter muita energia, curiosidade intelectual, interesse por tudo o que se relacione com o corpo humano e vontade de tratar de alguém que pode contaminá-lo. Ser capaz de tratar tanto de uma pessoa que está preocupada por ter perdido uns fios de cabelo ou tem um ferimento na mão como de alguém com uma punhalada no peito. Ser o verdadeiro médico universal, interessado em tudo, em todas as circunstâncias e a qualquer momento."

160

E como Goldfrank determina se tem um Hipócrates para atender às suas necessidades? Ele diz que, como brincadeira, às vezes usa a imagem de três lápis. O primeiro é longo mas não tem borracha. O segundo é curto e tem uma borracha novinha. O terceiro está igualmente desgastado de ambos os lados. O primeiro lápis indica que a pessoa é incapaz de dar o primeiro passo ao escrever e está sempre apagando. A segunda pessoa escreve com a velocidade do raio, mas nunca se dá ao trabalho de apagar alguma coisa. Essa pessoa não é humilde nem se dispõe a aceitar que possa estar errada. Goldfrank está em busca da pessoa que usou igualmente os dois lados do lápis.

Ele acredita que uma pessoa assim pode "ver um problema que parece exatamente o mesmo que já viu centenas de vezes e dizer: 'Você viu a umidade peculiar da pele?' As pessoas que procuro têm de ter os olhos para coisas importantes. Têm de trazer em si o desejo de trabalhar com outras pessoas e saber como agir com autonomia. Precisam ser capazes de mudar de papel com facilidade, bem como de funcionar quando as coisas estiverem uma imensa bagunça. Elas são capazes de apanhar um pedaço de papel no chão? Se não puderem se adaptar e ser criativas na solução de problemas, elas não vão sobreviver aqui".

Goldfrank leva toda pessoa recém-chegada para percorrer o departamento e observar o caos. "A pessoa indicada para o cargo vê a ordem no processo, percebe o potencial de ser capaz de fazer alguma coisa, o estímulo que tudo aquilo representa. A pessoa que vê um monte de gente perdida e não se dá conta da ordem vai sofrer muito conosco." Com mais de duzentos funcionários cuidando das necessidades de pessoas em condições críticas ou que se suspeita serem críticas, Goldfrank tem de saber que o seu pessoal é composto por aqueles que vêem a ordem no caos, por médicos capazes de perceber que a família que chegou em vários estágios de consciência foi envenenada com monóxido de carbono e que o diabético que caiu na estufa foi contaminado pelos pesticidas que estava usando. Os sintomas podem apenas apontar para a doença; o profissional encarregado do socorro tem de aplicar tudo o que já aprendeu, tudo o que já viu, e depois procurar algo que nunca viu, ao mesmo tempo que ouve o seu próprio processo interior a fim de sintetizar os elementos que colhe.

Para Goldfrank, a catástrofe é agora. Uma jovem entra no serviço de emergência e fica na fila, esperando ser atendida. Está chorando. Ela não conta muita coisa à enfermeira, mas está confusa. De repente, entra em coma. A enfermeira procura Goldfrank e lhe fala do comportamento estranho da paciente e do fato de ela estar chorando. Ele vai imediatamente ver a mulher em choque. Ela está fria e coberta de suor. Seu primeiro pensamento foi de uma anormalidade comportamental. Então lhe veio a revelação: talvez ela fosse hipoglicêmica, ou seja, tivesse um nível muito baixo de açúcar no sangue.

Goldfrank a levou para a sala e imediatamente lhe administrou glicose. Quando voltou a si, ela lhes contou uma história e eles descobriram que alguém lhe dera umas pílulas que a tinham envenenado e baixado o seu nível de açúcar no sangue.

"Chorar", disse Goldfrank mais tarde, "é muito atípico, especialmente porque ela não estava chorando lúcida. Tínhamos de pensar que havia alguma coisa muito estranha naquilo. Você tem de se perguntar a causa do choro. Há umas mil razões que já vimos na vida. A maioria das pessoas que chega chorando ao setor de emergência o faz porque estão perdidas, porque o marido foi ferido ou porque a mulher está com algum problema. Mas o fato de alguém chegar chorando sem ter condições de se expressar é muito estranho e muito importante. Todas as coisas têm relevância para nós. Talvez essas coisas tenham de ser arroladas numa longa lista, por não termos muita certeza do seu significado agora, mas cada uma delas nos fornece um indício." Os aspectos intuitivos do trabalho de Goldfrank estão relacionados com a receptividade ao desconhecido, com a capacidade de reconhecer que se está diante de algo novo e importante e de responder de modo correto à situação. Se ele não tivesse confiado em suas capacidades intuitivas e reconhecido a reação hipoglicêmica que a mulher chorosa estava tendo, Goldfrank estaria falando com policiais acerca de um homicídio. Em vez disso, a mulher se recuperou.

Tomar decisões de vida ou morte faz parte do trabalho do médico. Mas como pode o médico saber se está tomando a decisão de vida ou morte correta? O peso dessa determinação é enorme.

O dr. Edwin Rutsky, diretor das Medical Dialysis Facilities do Birmingham Medical Center da Universidade do Alabama, é um dos principais nefrologistas (especialistas em rins) do país. Foi também considerado um dos cem melhores médicos norte-americanos. Um dos aspectos da atividade de Rutsky consiste em decidir quais pacientes do rim farão hemodiálise, quais receberão transplantes renais e quais são terminais e não vão receber nenhum tratamento especializado dessa natureza.

Determinar se um paciente é um candidato adequado para o tratamento é uma decisão muito difícil. A maioria desses pacientes está se aproximando do que se denomina o último estágio da doença renal. Essas decisões representam uma dificuldade tanto para o médico como para o paciente. Nas palavras de Rutsky: "Trata-se de decisões emocionalmente muito desgastantes. Elas exigem muito de mim."

Para chegar a essas decisões, Rutsky tem em última análise de decidir o que é uma terapia razoável para um paciente cuja vida foi estendida além do termo natural. Esses pacientes muitas vezes têm de enfrentar doenças extraordinárias e capazes de pôr sua vida em risco. "Em que ponto se diz 'chega', parando o tratamento?", pergunta Rutsky. "E como interromper o tratamento quando se sabe que isso significa a morte do paciente?"

A medicina, como Rutsky assinala, não é uma ciência exata. Os médicos decidem com base no seu melhor julgamento. Como as decisões no mundo dos negócios, isso depende da experiência, da pesquisa, do exame de opções e de uma exaustiva análise dos fatos. Esse não é o momento de o médico agir por impulso, de resolver a partir de suas próprias impressões se uma vida é ou não saudável. Decisões como essas têm de se basear na síntese de todas as informações possíveis.

Algumas dessas decisões foram retiradas pelo governo federal das mãos dos médicos. Em meados da década de 1970, o Congresso aprovou uma lei que garante apoio financeiro no âmbito da Medicare a pacientes com doença renal terminal. Essa promulgação criou nas pessoas a noção de que têm direito à hemodiálise perpétua ou ao transplante. Antes disso, as vagas para hemodiálise só se destinavam às pessoas jovens e potencialmente produtivas o bastante, que tivessem chances razoáveis de reabilitação ou que fossem candidatas adequadas ao transplante. Hoje, pessoas que teriam sido rejeitadas como casos perdidos têm direito legal a receber tratamento.

"O que o Congresso fez essencialmente", diz Rutsky, "foi dar ao médico um cheque em branco. A principal tarefa do médico é preservar a vida. Há momentos, creio eu, em que o médico tem de decidir que já não é justificável nem razoável prolongar a vida, diante do fato de a qualidade de vida ter deixado de ser adequada. Ora, não estou propondo que se deixe de alimentar a pessoa [ou] de administrar-lhe antibióticos. Digo que pessoas com doenças incuráveis que estão prestes a matá-las não precisam continuar a fazer hemodiálise."

Rutsky assinala que, graças ao apoio federal, esse tipo de decisão sobre tratar ou não um paciente cujas condições estão em franca deterioração são, num certo sentido, fáceis: você trata deles se houver vagas. Mas também são eivadas de dificuldades, visto que "você sabe que muitos desses pacientes não são bons candidatos para a hemodiálise. Você sabe que alguém com deficiência cardíaca congestiva causada por uma séria moléstia cardíaca, ou que é cego, ou que tem um pé amputado e uma unha preta no outro, ou que é diabético poderá, se viver um ano, passar esse ano como uma horrível temporada no inferno em termos de qualidade de vida. O que se faz com um paciente nessas condições?

"Seu discernimento lhe diz que não é razoável gastar 28.500 dólares de dinheiro público para manter um ano de hemodiálise, para não falar no custo da hospitalização. O governo criou um clima em que a família diz: 'Ele tem de fazer hemodiálise. Queremos que ele faça. Não nos importa qual é a sua qualidade de vida, queremos papai vivo.' Isso dificulta muito mais as coisas."

A decisão do dr. Rutsky de submeter o paciente à hemodiálise é sempre tomada como um pacto entre o médico e o paciente. "É direito do paciente", diz ele calmamente, "dizer a qualquer momento: 'Chega. Quero parar', sabendo que essa decisão vai matá-lo. Não considero isso um suicídio. Não é o mesmo que dar um tiro na cabeça. É direito do paciente, desde que ele tenha condições de decidir, dizer 'Quero parar'."

Essa decisão é muito mais complicada quando a pessoa está inconsciente ou sofreu um derrame, especialmente se for alguém que vem sendo tratado no hospital há dez ou quinze anos. "Eles são quase membros da família", afirma Rutsky. "Temos um grande envolvimento com essas pessoas. Mas o que vamos fazer?"

Ele admite que há momentos em que se deixa levar pelas emoções. "Meu Deus, ele é um sujeito tão bom. Vou lhe dar uma oportunidade mesmo sabendo que suas chances são poucas e embora tudo indique um resultado aquém do razoável. Você diz a si mesmo: 'Há uns 10 ou 20 por cento de chance de que dê certo; isso é melhor do que nada.' Assim, você vai em frente e deixa o paciente fazer hemodiálise. O resultado mostra que você estava certíssimo: ele se dá mal, está numa péssima situação. O que você faz agora? Julgo muito doloroso continuar a proporcionar cuidados a essas pessoas quando não há esperança. Empenho-me muito em ajudá-las a tomar a decisão de parar quando fica claro que não vão melhorar. A maioria dessas pessoas não consegue tomar essa decisão."

164

Há porém momentos em que Rutsky tem o que chama de "sensação intuitiva" sobre um paciente, e os resultados são bem diferentes. Ele pode olhar o paciente, dizer à família que as chances de recuperação não chegam a 20 por cento, mas acrescenta que, desde que não sobrevenha nenhuma catástrofe adicional, não vê razão para que o paciente não melhore.

"Acabamos de dar alta a um homem", diz Rutsky. "Ele foi internado há uns seis meses. Tentou queimar algumas formigas com gasolina e acabou se queimando. Estava com queimaduras de terceiro grau em mais de metade do corpo. Ficou com insuficiência renal aguda e passou longo tempo sob um ventilador. Tratamos dele, fizemos diálise todos os dias e quatro meses depois ele tinha recuperado suas funções renais. Ele saiu daqui vivo. Quando ele chegou, eu simplesmente senti que o homem iria sobreviver. Ele não tinha recuperado as funções renais e ainda tinha no corpo queimaduras que requeriam enxertos. Era alimentado por via intravenosa, sendo necessárias grandes quantidades de proteína e calorias. Esteve sujeito diariamente a morrer de infecção", recorda-se Rutsky. Mas, apesar de todos os graves problemas de saúde do homem, "eu simplesmente sabia que ele ia conseguir".

Fora do âmbito dos diagnósticos, Rutsky acredita que a verdadeira arte da medicina, o elemento de discernimento intuitivo, consiste em "aprender quando fazer e quando não fazer a coisa certa. Boa parcela da medicina consiste em saber quando interromper a terapia. Os médicos não se sentem bem se não fazem coisa alguma, mas há muitas doenças que melhoram com um mínimo de terapia. Parte do meu discernimento como bom médico consiste em saber quando deixar as coisas andarem sozinhas, permitir que o corpo cure a si mesmo. Ele faz um trabalho muito melhor que a maioria dos médicos pode fazer".

Um antiqüíssimo axioma do mundo dos negócios diz que as decisões só devem ser tomadas quando têm de ser tomadas. O especialista em administração Peter Drucker compara a decisão a uma cirurgia. "Ela é uma intervenção num sistema, e por isso traz em si o risco do choque. Não se devem tomar decisões desnecessárias, assim como não se devem fazer cirurgias desnecessárias."

O princípio da incerteza de Heisenberg leva a idéia um passo adiante. A simples observação das partículas subatômicas afeta o seu comportamento. Ou seja, na estrutura da matéria universal, não existe observação passiva, mas somente participação ativa. Trata-se de uma metáfora profunda para todos aqueles aos quais cabe tomar decisões. A ação do médico sobre o paciente, a feitura de exames, a interferência desnecessária podem trazer à tona fatos que não têm relação com a doença e desviar o médico do seu diagnóstico original, levando-o numa outra direção que pode muito bem terminar matando o paciente.

"Os médicos realmente tomam decisões que levam o paciente à morte", afirma Rutsky. "Sei que eu mesmo já as tomei. Contudo, esses erros por vezes não advêm da imperícia nem da negligência, mas de uma busca de informações que parecem pertinentes para o cuidado e a sobrevivência do paciente. Isso se assemelha às informações falsas obtidas em época de guerra. Você age com base nessas informações depois de as ter procurado e obtido. Mas às vezes você as ignora, embora o faça pondo o paciente em risco. Não estamos falando de decisões como usar fertilizantes no jardim. Quem se importa se o jardim no final morrer? Falamos do fato de um paciente morrer ou não morrer por causa daquilo que você faz."

Há pacientes, assinala Rutsky, que podem morrer a qualquer momento. "Eles passaram do tempo determinado e seu corpo não é como o das pessoas normais. Essas são as pressões a que me vejo submetido como nefrologista. Isso exige de mim mais do que qualquer outra coisa."

Muito poucos pacientes exibem os complexos sintomáticos descritos nos manuais. Rutsky acredita que "o médico verdadeiramente excepcional é capaz de sintetizar e de integrar os fatos, seu conhecimento de base e sua experiência e, a partir disso, chegar a um diagnóstico que é parte dedução lógica e parte intuição. Um médico verdadeiramente grande é aquele que consegue dar esse salto, ultrapassar os algoritmos e chegar à escolha correta".

Lewis Goldfrank tem lugar de destaque nesse grupo. Ele é um homem que põe permanentemente para funcionar sua capacidade inata de síntese. É raro que as pessoas no mundo dos negócios tenham de enfrentar o nível calamitoso de tomada de decisões encontrado por Goldfrank e Rutsky. Como eles se relacionam com o fluxo constante de catástrofe que têm de enfrentar todos os dias?

"Tem de haver um equilíbrio", diz Goldfrank, "e é fundamental a maneira como se atinge esse equilíbrio." Ele nunca o conseguiria se achasse que tinha de salvar todos os alcoólatras ou viciados em drogas que visse. Mas são os eventuais pacientes salvos que o fazem prosseguir. Ele indica uma garrafa de vinho Night Train Express que está em sua prateleira. "Um homem me deu essa garrafa de Night Train. Ele a comprou para mim porque era um alcoólatra que convencemos a deixar o vício e de fato o deixou. Ela é um troféu. Talvez uma entre vinte pessoas que atendemos e que têm problemas terríveis seja bem-sucedida. Mas isso já seria um resultado substancial. Se cinco por cento dos alcoólatras que atendemos entrassem num programa e nós pudéssemos fazer que não bebessem, não maltratassem a mulher, não dirigissem bêbados e causassem outra catástrofe, isso já seria um grande progresso. Quando conseguimos ajudar um garoto a terminar a escola ou um bebê a sobreviver sem a síndrome alcoólica fetal, temos uma medida de sucesso. Você tem de acreditar que pode alcançar coisas de que as outras pessoas duvidam. Tem de acreditar no inacreditável. Essa é uma maneira de manter a serenidade em meio ao que parece ser o caos. Nada há de novo nisso. Lewis Carroll fez a Rainha dizer a Alice: 'É preciso pensar uma coisa incrível antes do café todos os dias.' Tenho de acreditar que possa resolver problemas que outros consideram insolúveis."

13

ATIVAR O QUE VOCÊ SABE

Num mundo incerto, não há fórmulas claras de seqüência programada de passos que garanta resultados positivos.

R. Pike

Jim Bragington fabrica telescópios. Chama seus grandes telescópios amadores de "Odisseys". Eles são feitos de maneira simples com base em projetos de Frank Dobson, com materiais como os tubos de papelão grandes e resistentes usados na moldagem de pilares de concreto, que ele transforma no tubo dos telescópios. Esses telescópios são feitos com um objetivo: ver os céus mais de perto com olhos humanos. A julgar pelas técnicas modernas de construção de telescópios, os de Bragington são primitivos. Faltalhes o mecanismo de alinhamento com o movimento da terra, fundamental para o rastreamento de um objeto das profundezas celestes como uma galáxia distante — uma necessidade da astrofotografia. Do mesmo modo, eles não podem ser ajustados automaticamente a coordenadas de ascensão e descensão, processo que aponta os telescópios na direção exata de objetos celestes distantes como agregados estelares ou tênues nebulosas.

O único meio de localizar essas belezas do espaço com um dos Odisseys de Bragington é saber em que constelação e em que direção elas se encontram. O telescópio então é apontado para essa área distante até que o objeto seja encontrado.

Um dos mais espantosos corpos celestes distantes chama-se Nebulosa do Anel, que é considerada uma nebulosa planetária. Trata-se de

168

um nome enganador, visto que a nuvem de gás (nebulosa) que ele designa não tem nenhuma relação com planetas. A Nebulosa do Anel é na verdade os resquícios gasosos de uma estrela que explodiu, deixando um anel de fumaça relativamente pequeno a cerca de mil e quinhentos anos-luz da Terra. Ela é invisível a olho nu ou com binóculos. Mas Bragington é capaz de olhar para o céu e apontar para a constelação da Lira, indicar para o espectador um par de estrelas, uma sobre a outra, e dizer com certeza: "Mesmo que você não a esteja vendo, ela está ali."

Então, girando seu enorme telescópio com seu espelho de treze polegadas, chamado pelos astrônomos amadores de balde de luz, Bragington o aponta para o céu. As únicas orientações que ele possui são o seu conhecimento, a sua experiência e a sua visão interior, que dizem que existe algo onde nada pode ser visto. Ele se afasta do visor e outra pessoa se aproxima. Ali, no centro dessa imagem especular, está o tênue anel de fumaça pairando na vastidão da nossa galáxia contra um fundo de brilho celestial. Esse anel reluzente, iluminado pelas estrelas ao fundo, é tudo o que restou de uma estrela destruída eras atrás.

Afastando-se do visor, a pessoa olha para o céu. Tudo o que ela pode ver é o brilho indistinto de inúmeras estrelas distantes. Nada indica a localização nem a existência desse corpo celeste. Mas Bragington já esteve lá antes; ele já encontrou essa nebulosa centenas de vezes. Ele sabe que, quando aponta o telescópio na direção daquelas duas estrelas de Lira, descobre essa jóia escondida do céu noturno.

A descoberta da fonte intuitiva interior assemelha-se muito ao exame do céu por Bragington. Porque, se já tiver estado lá, dirigido por alguém ou tendo descoberto por si o caminho, você pode voltar quantas vezes quiser. Como ela é invisível a olho nu, você tem de saber onde encontrá-la antes de começar a dar com ela ao seu bel-prazer.

Os antigos julgavam que o céu estava cheio de magia. Os cometas eram arautos de maldições. Tal como essas impressões primitivas, a intuição também parecia mágica por causa de suas qualidades especiais. Hoje o nosso conhecimento mudou. Os cometas são recebidos com alegria e nós nos preparamos de antemão para vê-los. E o mesmo vem ocorrendo com a nossa relação com os processos de pensamento interiores que um dia pareciam tão misteriosos e distantes.

Sempre houve aquelas pessoas dotadas de um sentido do universo e que tentaram desvendar o seu mistério. O mesmo ocorre com a intui-

169

ção: sempre houve pessoas que confiavam nessa fonte. Por algum tempo, elas podem ter feito isso em silêncio. Como Copérnico, que temia que as suas revelações sobre a natureza do nosso sistema solar o levasse ao ostracismo, os tomadores de decisões que confiavam em sua intuição mantiveram-se calados por medo de enfrentar a desaprovação da sociedade. Em muitos casos, no entanto, a coragem de continuar a acreditar nessa fonte elevou essas pessoas acima da massa de seguidores de contrafacções místicas e da sabedoria convencional, fazendo delas líderes de sucesso.

Dar o salto intuitivo costuma ser um passo corajoso. Durante o reino do imperador romano Calígula, o escravo camareiro de um nobre romano fugiu para o campo. Seu nome era Ândroclo. Fugir do seu senhor era uma decisão sobremodo arrojada, pois ele sabia que seria perseguido. Sua única esperança era esconder-se por algum tempo e esperar que as coisas se acalmassem.

Ândroclo julgou que suas esperanças se concretizaram quando deparou com uma caverna enquanto colhia frutos. Era um esconderijo perfeito. A entrada da caverna estava bem fora do ângulo de visão de quem passasse pelo caminho. A poucos metros, ficava um grande arbusto com bagas comestíveis perto das margens de um regato. Ândroclo entrou na caverna descuidadamente e foi recebido pelo rugido de um leão feroz. "Que maravilha!", pensou ele. "Consigo finalmente a liberdade e viro almoço." Encontrar aquele leão não estava em seus planos. Mas, como já se disse, planejar é tudo e os planos não são nada.

O leão rugia selvagemente. Ândroclo de súbito percebeu que havia algo diferente. Ouviu algo que o fez pensar: "A fera está rugindo demais." Ândroclo tinha razão: quando o leão levantou a pata, ele viu qual era o verdadeiro problema. Projetando-se para fora da pata encolhida, estava um espinho que entrara na carne tenra.

O medo de Ândroclo diminuiu e ele dirigiu-se com voz suave ao leão, garantindo-lhe que sabia que o espinho era a verdadeira causa de tanta raiva. O escravo propôs um acordo: "Vou tirar o espinho e, em troca, você me deixa ir." O leão concordou.

Não tendo o desejo de ser apanhado desprevenido, ele se aproximou com muita cautela da pata inflamada da fera — pois a experiência lhe ensinara que os leões nem sempre cumprem a palavra. Com delicadeza, ele a pegou e retirou o doloroso espinho. O leão rugiu.

170

Enquanto o leão se aproximava, Ândroclo foi recuando na caverna. E aconteceu uma coisa curiosa: a fera, em vez de devorá-lo, começou a se encostar em sua perna como se fosse um enorme gatinho. Com um suspiro de alívio, o rapaz se despediu e foi em busca de um lugar mais seguro. Por infelicidade, caiu nas mãos dos homens do seu senhor. Seu destino e castigo: ser lançado aos leões nos próximos jogos. De acordo com o historiador romano Aulus Gullius, no dia dos jogos Ândroclo foi posto no centro do Coliseu, a jaula teve a porta aberta e dela saiu o leão. Ândroclo mal podia acreditar no que via: o leão que o encarava não era senão o seu paciente na caverna. Em meio aos clamores da multidão, Ândroclo dirigiu-se confiantemente na direção do leão e começou a afagá-lo. O público se emocionou tanto com a coragem e habilidade de Ândroclo que ele e o leão recuperaram a liberdade.

É muito comum que as imagens que prevalecem no mundo dos negócios sejam as do guerreiro: o herói que conquistou com sua própria força o inimigo. São Jorge, aquele que matou o dragão. Sob muitos aspectos, as histórias de Ândroclo e de São Jorge constituem os dois lados de um tomador de decisões. Um dos lados vê a fera como um objeto a ser destruído; o outro lado sabe que a única maneira de sobreviver reside na capacidade de relacionamento com ela. É a reconciliação desses dois aspectos, sem que nenhum deles seja ignorado, que leva a decisões bem-sucedidas. R. E. McMaster falou dessa mesma idéia, que ele denomina "verdade em tensão". Quem toma decisões só terá êxito a longo prazo quando puder manter em ação mutuamente construtiva essas duas metades. Trata-se do quadro completo, receptivo a todas as opções, avaliações, direções e valores.

Em seu estudo acerca dos administradores de alto escalão para a *Harvard Business Review,* Daniel Isenberg afirma que uma maneira pela qual o tomador de decisões pode pôr em foco esse quadro como um todo consiste em acentuar a importância dos valores, das preferências e do uso da imaginação.

O vínculo entre intuição, imaginação e criatividade sempre foi muito forte. A criatividade muitas vezes marca a diferença entre os que lideram e os que apenas administram. Isso significa que os administradores desejosos de galgar os degraus da hierarquia organizacional precisam desenvolver, além e acima de capacidades gerenciais, a capacidade de liderar. Precisam tornar-se receptivos a abordagens mais criativas, abordagens que exijam intuição. Abrir a porta ao intuitivo é algo que torna o administrador receptivo ao reino das possibilidades, a terra natal da criatividade.

Essa necessidade se aplica em especial aos níveis inicial e intermediário de gerência. Estudos de Isenberg e Weston Agor demonstraram que a alta administração demonstra um uso maior e mais bem-sucedido da intuição do que seus associados. Se estiverem interessados em elevar o nível das decisões tomadas na sua empresa, os líderes devem promover o comportamento criativo dos que trabalham sob suas ordens. Como foi mencionado, a criatividade e a inteligência se distribuem uniformemente numa organização. Quando toda a organização, e não apenas o líder, pensa de modo criativo, a inovação se consolida e os lucros aumentam.

A chave é a prática. A prática aumenta a fluência, e a fluência leva a uma flexibilidade mais voluntária. Isenberg recomenda aos administradores que desenvolvam sua fluência intuitiva mediante o desenvolvimento da capacidade de explorar novos territórios por meio da generalização de fatos e da verificação da validade dessas generalizações no confronto com outros fatos.

Visualizar e criar roteiros é uma excelente abordagem. Esse esboço passo a passo é a redação imaginária do roteiro de uma decisão. O tomador de decisões visualiza o que vai acontecer entre o momento em que a decisão for tomada e um determinado ponto futuro. Cada obstáculo, cada problema e cada reação potencial é visualizado e registrado. Quanto maior o nível de detalhe aplicado a esse esboço passo a passo, tanto mais acertada a decisão que virá depois dele.

Uma cultura corporativa que estimule e exija esse tipo de pensamento criativo constrói decisões em que as opções são esclarecidas e então vêm à vida. Isso promove a confiança nos tomadores de decisões em todos os níveis organizacionais. Eles passam a sentir que suas atitudes e processos de pensamento são fatores importantes e reconhecidos do sucesso da empresa. Esse reconhecimento também contribui para que os tomadores de decisões de baixo escalão percebam que estão integrados na organização. Isso faz com que eles sintam que são uma parte vital do processo, coisa que a decisão puramente analítica jamais poderia conseguir.

Como acontece na assimilação de toda abordagem nova, os primeiros passos destinam-se a tornar consciente o processo. O aprimoramento da intuição tem como requisito que os passos adquiram visibilidade. Com o aumento do nível de tranqüilidade intuitiva e de sua competência no uso do processo de confiar naquilo que sabem, os tomadores de decisões terão condições para queimar muitas etapas de análise desgastante.

Confiar naquilo que nos dá tranqüilidade pode parecer uma abordagem irracional e anticientífica do processo decisório, mas os cientistas naturais e sociais estão reavaliando suas teorias acerca do processo do conhecimento. Eles descobriram que as pessoas aprendem melhor quando seguem as linhas daquilo que sempre pareceu mais natural tanto ao professor como ao aluno. Em outras palavras, a abordagem racional da tomada de decisões consiste em ter tranqüilidade naquilo que se faz e em descobrir qual o nível de tranqüilidade de cada um.

Ficar tranqüilo num mercado global altamente competitivo e cercado de pressões não exige uma descontração total. Alguns tomadores de decisões agem melhor em meio ao frenesi e ao desgaste cotidianos. É nesses momentos em que estão tão ocupados a ponto de não poderem sentar para analisar uma situação que eles tomam as decisões mais acertadas. Mas a advertência de Ira Glasser tem de ser repetida. Se você não dispuser das informações corretas, seu processo interior poderá produzir más escolhas. A qualidade da intuição depende do conhecimento e da experiência que a alimentam.

Joseph Chilton Pearce disse que "os atos nos predispõem a acreditar e as crenças nos predispõem a agir". Se assim for, confiar no sentido intuitivo e valorizá-lo torna-se um ato que é não apenas a força motriz dos tomadores de decisões como também o cimento que mantém coeso todo o processo.

Implementar ativamente a intuição permite que o tomador de decisões se concentre no longo prazo, afastando-se da mentalidade do relatório trimestral. A pressão voltada para o curto prazo impede que o tomador de decisões crie a visão necessária para promover o progresso da organização. Em que situação estaria a Apple se John Sculley não tivesse uma visão futura das possibilidades que se abriam à sua empresa? Ela provavelmente jamais teria vencido o caos deixado pelos seus brilhantes mas um tanto inexperientes fundadores. Estaríamos enfrentando uma ameaça soviética diferente se Peter Dailey não tivesse encontrado uma maneira de traçar um quadro completo da situação para os líderes e os povos da Europa? Ao incluir e valorizar o intuitivo, os tomadores de decisões passam a atuar no nível de um sistema completo, o que lhes serve de preparação para as rápidas mudanças por vir.

Paradoxalmente, um dos mais completos e transformadores quadros que o mundo já viu foi uma foto tirada pelos malfadados astronautas da Apolo 13 em seu retorno da Lua. Foi uma foto de todo o globo terrestre. Num vislumbre iluminador, as pessoas viram a realidade e a força desse quadro. A imagem registrada naquela foto não pode ser destruída. Ela se entranhou na cultura, imprimiu-se na visão de mundo moderna. A raça humana viu a si mesma a partir de uma perspectiva inacessível a todas as gerações anteriores.

Agir a partir de um quadro completo da situação retratando o sistema significa incorporar ativa e conscientemente ao sistema o processo intuitivo. Quando se faz isso, abre-se uma porta inteiramente nova de opções para a ação. O mundo torna-se o palco e as decisões refletem esse ponto de vista. Esse quadro nos diz que temos de vir a ser mais responsáveis ao tratar de decisões importantes, de decisões de amplo alcance.

Se o sucesso é o objeto da busca, precisamos de um quadro completo. Um exemplo de verdadeiro sucesso vem de Joe Gibbs, ex-técnico do time de futebol americano Washington Redskins. No Super Bowl XVII, o Washington está a segundos da vitória e Gibbs se afasta das fileiras de jogadores preparados para entrar no campo e comemorar a conquista. Ele procura o filho entre a multidão de torcedores. Gibbs o encontra no meio da confusão e passa o braço sobre o ombro do garoto. Eles compartilham os últimos tic-tacs do relógio. Isso foi para Gibbs um momento raro e especial, no qual ele sentiu que seu verdadeiro sucesso estava tanto no instante da vitória como no ato de compartilhá-la com o filho.

Temos aí o quadro de um tomador de decisões tornando-se uma pessoa inteira, atuando em todos os níveis de consciência, sem perder de vista o que é de fato importante em troca de um seu sucesso rápido e apenas parcial.

Usar todo o cérebro, todo o corpo, relacionando-os com a perspectiva global do mundo, entrega ao tomador de decisões um papel cheio de opções — de sucesso ou de fracasso. Sem essas opções, não poderiam existir possibilidades de crescimento e de desenvolvimento, os alvos de longo prazo da espécie. Estar alerta ao processo intuitivo é uma questão de estar com os ouvidos atentos. E se traduz antes em se relacionar com a fera, como fez Ândroclo, do que em tentar matá-la. Por vezes, a única alternativa é a espada. Saber quando não usá-la, no entanto, é a marca

174

da compreensão e de um sucesso ainda maior. Quando essa opção é feita com sucesso, até a fera é beneficiada.

A intuição se concretiza em opções, não em respostas. Uma vez que as possibilidades sejam claras, como evidenciaram os tomadores de decisões entrevistados neste livro, as respostas aparecem. Pode ser preciso dar um salto de fé ou ter um ouvido sensível. Seja como for, as pessoas que ouvem a própria intuição estão mudando o mundo.

14

EXERCITAR A MENTE INTUITIVA

"Com licença, senhor, poderia me dizer como chegar ao Carnegie Hall?"
"Pratique, meu filho, pratique."

A fluência em todo empreendimento requer prática. Isso se aplica à aprendizagem de uma língua, ao esforço da criança que aprende a andar ou ao aluno que estuda a multiplicação. Aperfeiçoamo-nos por meio de um sem-número de repetições do processo.

Os exercícios a seguir foram concebidos e testados para permitir que os tomadores de decisões conheçam a sua intuição e a pratiquem. Se já tiver uma intuição forte, use os exercícios para aprofundar suas capacidades.

Depois dos exercícios, o Apêndice traz uma cópia do Gray-Wheelwright Jungian Type Survey (teste de personalidade). Trata-se de uma avaliação geral de determinados fatores psicológicos que levam à descoberta da maneira natural de processamento de informações pela pessoa. O teste não tem a pretensão de ser uma medida exata, devendo ser considerado apenas um roteiro. No entanto, constitui um guia para a compreensão de uma parcela da personalidade de cada um.

EXERCÍCIO INTUITIVO 1

Uma técnica razoavelmente fácil de despertar a intuição é o relaxamento — aprender a sentar-se calmamente e desapegar-se de uma questão que preocupa. O período de relaxamento pode durar apenas cinco minutos e é possível praticar sentado numa cadeira ou no chuveiro. Também pode tomar a forma de um processo formalizado, tal como a determinação de reservar vinte minutos diários para meditar.

O relaxamento é um estado de desligamento necessário para deixar a mente livre das sobrecargas conscientes do raciocínio e da análise. Esse processo de desapego aquieta a atividade consciente, permitindo que o tomador de decisões ouça as vozes do seu processo interior. Como explica Frances Vaughan em seu livro *Awakening Intuition*: "Você está aprendendo a ouvir aquilo que já sabe; porém, para fazê-lo, sua mente tem de estar em quietude, em vez de cheia das coisas que você acha que precisa saber."

No início, este exercício pode parecer a perda de um tempo precioso, um dar-se a um grande luxo, em especial quando se está em vias de resolver problemas prementes. Contudo, dando-se a si mesmo um curto espaço de tempo para desligar-se das camadas conscientes superficiais que tendem a bloquear o acesso ao processo interior, você concede a si mesmo a oportunidade de uma verdadeira reflexão.

Um dos métodos mais fáceis de relaxamento é a consciência da respiração. Simplesmente acompanhe o movimento de sua respiração. Se se vir saindo da concentração no seu movimento respiratório para pensar em outras coisas, volte a concentrar-se nele.

Algumas pessoas resistirão a fazer mesmo o mais simples desses exercícios. O pensamento poderia ser: "Meu Deus, e se entrasse alguém e me visse assim? Eles iriam pensar que sou alguma espécie de místico." Se essas preocupações tiverem fundamento, pratique de portas fechadas. O segredo do despertar da intuição é começar. Vencidas as primeiras resistências, o processo se torna mais fácil.

Relaxar o corpo e ouvir as vozes intuitivas também significa atentar para os ritmos e indícios que o corpo apresenta. Para alguns, trata-se de um rico período em que podem se dar conta das reações do próprio corpo de maneiras completamente novas.

Uma vez que a mente consiga relaxar mesmo pelo mais curto espaço de tempo, o material retido no seu interior é liberado. Lembre-se de que a intuição é uma voz suave, muitas vezes esmagada por vozes mais "racionais". Mas se você nunca reservar um tempo para ouvir, como poderá escutar?

EXERCÍCIO INTUITIVO 2

Escutar a voz intuitiva é muitas vezes um processo de não censurar as informações trazidas ao limiar da consciência. Este exercício tem como base a sua capacidade de não se censurar. Usando um bloco de anotações ou um computador, aquiete-se e crie na mente a imagem de uma pessoa que teve um efeito profundo e positivo em sua vida: um professor, um mentor ou, quem sabe, um conselheiro. Pergunte mentalmente a essa pessoa: "O que há em mim que você gosta?" Então anote, sem censurar, exatamente o que ouvir. Esse é um processo de abandono dos controles conscientes. Você permanece encarregado do processo, mas não das informações que recebe. Quando a voz tiver completado o pensamento, pergunte: "O que ainda preciso aprender com você?" Mais uma vez, anote exatamente o que escutar. Esse processo de imaginação ativa constitui um prolífico instrumento para romper os bloqueios que aprisionam a intuição. Não se trata de um jogo, e é importante lembrar que, embora esteja renunciando ao controle, você ainda tem responsabilidade por si mesmo. (Ter algo a seu cargo e não sob o seu controle é muitas vezes a diferença entre um líder e um chefão.) Quanto mais você usar e praticar estas técnicas, tanto maior será a sua facilidade para ouvir, reconhecer e não censurar a suave voz da intuição.

EXERCÍCIO INTUITIVO 3

O *brainstorming* é um excelente exercício coletivo de desenvolvimento da intuição para pessoas com uma meta comum. Para fazê-lo, basta uma lousa e algo para escrever. Seu propósito é ajudar um grupo de pessoas a apresentar o maior número possível de idéias num curto espaço de tempo. O procedimento é simples. Deve-se apresentar um problema ou roteiro ao grupo, anotando-o na parte superior da lousa. Em seguida, os participantes propõem idéias para a resolução do problema. É imperativo que a pessoa encarregada de anotar registre todas as idéias que surgirem. Nenhuma idéia deve ser descartada nessa etapa inicial, nem deve ser julgada ou criticada. Os membros do grupo são encorajados a exprimir suas idéias assim que surgirem, sem esperar ser chamados. As sessões devem durar entre cinco e dez minutos. Depois de anotadas todas as idéias, o grupo as organiza por ordem de prioridade. A primeira classificação desse tipo é feita com "um" e "dois". O "um" é um item de grande prioridade, e o "dois" é um item de prioridade menor. Se todos os itens forem "uns", passe à etapa seguinte, que consiste em estabelecer prioridades para as idéias de número "um" em termos mais críticos, sem no entanto nenhum julgamento crítico pessoal das idéias.

O *brainstorming* precisa ser feito num ambiente em que as pessoas se sintam à vontade para falar, que as estimule a ouvir e a tornar conhecidos seus impulsos intuitivos. O ato de escrever todas as idéias é uma forma de honrá-las. As pessoas que as expuseram se sentem bem-sucedidas, valorizadas e até gostam de ver suas idéias receber uma prioridade menor em vez de serem simplesmente descartadas. Esse processo estimula o surgimento de mais idéias intuitivas.

EXERCÍCIO INTUITIVO 4

Você talvez pense que deixar de lado uma decisão a fim de permitir que ela se resolva a si mesma é um luxo quando há necessidade de decidir de imediato, mas forçar uma decisão também pode mostrar-se oneroso. Uma abordagem possível consiste em se concentrar rapidamente numa idéia ao deitar-se, deixá-la em seguida de lado, dormir e acordar com a resposta.

Antes de se deitar, sente-se num lugar calmo e respire fundo algumas vezes. Em seguida, deixe que sua mente enfoque ou visualize a decisão que você precisa tomar. Não tente resolver conflitos; apenas se disponha a pensar na decisão. Depois, diga a si mesmo: "Eu gostaria de ter uma resposta para esta decisão ao acordar." Respire fundo mais umas vezes e afaste a idéia da cabeça. Se tiver dificuldade para se desligar da decisão, visualize um lugar favorito de suas férias e transporte-se para lá. Este exercício exige que você confie em suas capacidades intuitivas e acredite que sabe o que você sabe. Ao despertar pela manhã, pergunte a si mesmo: "Que decisão devo tomar?" Escute cuidadosamente a resposta que ouvir em seu interior e anote-a.

EXERCÍCIO INTUITIVO 5

John Rollwagen, da Cray Research, propôs no capítulo 3 dois exercícios que vale a pena repetir. Em primeiro lugar, ele falou do seu exercício de visualização; nele, você vai para um lugar tranqüilo e visualiza o ano que passou e tudo o que aconteceu ao longo desse ano, até chegar ao ponto em que está. Depois disso, visualize o ponto em que gostaria de estar dentro de um ano e, com muito cuidado, visualize um caminho que o conduza de volta ao ponto em que se encontra hoje. Como

Rollwagen explicou, os resultados deste exercício não devem ser seguidos passo a passo, mas como uma indicação de possíveis rotas à frente.

A segunda sugestão de exercício de Rollwagen é a de tirar cara ou coroa com moeda para tomar uma decisão. O que importa aqui não é seguir o resultado real obtido, mas observar atentamente suas reações a ele. Sua reação vai lhe dizer o que você de fato pensa.

EXERCÍCIO INTUITIVO 6

Este exercício de um dia de duração foi concebido para ajudá-lo a reconhecer e captar seus impulsos intuitivos. Usando uma pequena caderneta de bolso, registre todos os vislumbres intuitivos (ou o que você considerar como tal) que surgirem no decorrer desse dia. Não censure nenhuma idéia; registre-as apenas. Eis alguns exemplos: ficar numa fila no mercado e não em outra; mudar de pista enquanto dirige (só anote esta depois de chegar a seu destino); um súbito impulso de enviar flores para a pessoa amada; a vontade repentina de comprar uma revista que não costuma comprar; ou o nome de uma pessoa na qual você não pensa há algum tempo. O exercício consiste apenas em anotar os impulsos. Segui-los ou não é decisão sua. Se o fizer, não se esqueça de anotar o resultado.

No final do dia, pegue a caderneta e conte as vezes em que teve conscientemente um impulso intuitivo. No decurso da semana, tente estar atento à sua voz intuitiva. Depois de mais ou menos uma semana, repita o exercício. Faça uma comparação entre as listas. É provável que você perceba um aumento do número de impulsos intuitivos e que os novos impulsos exibam um maior grau de sintonia com suas necessidades.

EXERCÍCIO INTUITIVO 7

O jogo de cartas *Concentration* é um excelente catalisador da intuição. Se você tiver filhos, este jogo também serve para discernir a capacidade intuitiva deles, além de ser divertido. Usando um baralho, distribua as cartas com a figura para cima em quatro fileiras de 13. Acabando de colocá-las, volte à primeira e vire todas. Agora, confiando naquilo que sabe, jogue. Depois de ter formado todas as correspondências de que se lembra, tente adivinhar a posição das cartas. Se estiver jogando com as crianças, observe como elas adivinham e as surpreendentes conexões que formam. Este não é um teste de PES [percepção extra-sensorial], mas um exercício que o encoraja a ampliar os limites daquilo que sabe.

EXERCÍCIO INTUITIVO 8

Sente-se num lugar tranqüilo. Feche os olhos e respire normalmente. Visualize a menor partícula que puder imaginar. Visualize-a aumentando de tamanho até ter as dimensões de uma ervilha, de uma bola de tênis, de uma bola de basquete de neve gigante, de uma enorme pedra, de toda uma cidade, do planeta Terra, do sistema solar, da galáxia, de um conjunto de galáxias. Vá além desse estágio mergulhando na total escuridão. Quando estiver no interior das trevas, pergunte a si mesmo: "Que quadro global preciso ver?" Não deixe de registrar a primeira imagem que lhe ocorrer, mesmo que ela não faça sentido para você na hora. Ela provavelmente virá a fazer em futuro próximo.

EXERCÍCIO INTUITIVO 9

Sente-se num ambiente calmo. Feche os olhos e respire como sempre. Visualize a entrada de uma caverna. Entre na caverna. Há do lado esquerdo um portal. Passe por esse portal. Você vai ver, do outro lado, uma paisagem. Percorra lentamente com os olhos essa paisagem até ver um animal. Dirija-se ao lugar onde ele está e peça-lhe para levá-lo ao seu guia. Quando ele aceitar a incumbência e o levar ao seu guia, pergunte a essa pessoa se ela é de fato o seu guia. Se ela disser que não, peça ao animal para levá-lo novamente ao seu guia. Quando alguém disser que é o seu guia, afaste-se e olhe essa pessoa com atenção, observando suas roupas e expressões faciais. Pergunte-lhe o nome e peça-lhe que diga o que precisa lhe dizer. Peça-lhe ainda que lhe dê um símbolo que você possa levar. Se não entender o que significa o símbolo, pergunte ao guia. Agradeça-lhe e pergunte o que pode fazer por ele. Tendo recebido esta informação, pergunte-lhe onde pode voltar a encontrá-lo. Em seguida, volte a cruzar a porta. Abra os olhos. Você pode voltar a esse lugar sempre que quiser, e o seu guia vai responder às perguntas que você lhe fizer. Se não puder fazê-lo, seu guia vai levá-lo a alguém que possa.

Mediante a prática desses exercícios, começamos o processo de escutar. Como se disse ao longo deste livro, a liderança é uma questão de escuta: é escutar ativamente a si mesmo, aos que trabalham com o líder e ao mundo em geral. A liderança intuitiva surge quando o líder é capaz de criar uma cultura que promova e estimule idéias criadoras e inovadoras em todos os níveis da organização.

De que modo o líder cria uma cultura que receba de braços abertos a criatividade, a inovação e a intuição? Reconhecendo que as pessoas são capazes de propor soluções criadoras e inovadoras para os problemas, se lhes for dada a oportunidade. Todas as pessoas da organização têm uma cabeça, uma boca e um coração.

A grande maioria das pessoas que vai trabalhar o faz com a intenção de realizar um bom trabalho. Proporcionar-lhes um ambiente que promova a sua participação, organizar sessões semanais de *brainstorming* que lhes permitam resolver problemas a partir de suas causas básicas, implementar com rapidez suas idéias — esse processo faz maravilhas. Delegar a autoridade para que os problemas sejam resolvidos no lugar mesmo onde ocorrem significa que o líder tem de ceder parte do controle e facilitar as soluções, em lugar de impô-las.

A liderança intuitiva não se traduz em tomar todas as decisões nem em resolver todos os problemas que surgem numa organização. Cabe ao líder desenvolver e defender a visão corporativa, assegurando-se de que todos na organização partilhem dela. É a partir desse quadro amplo que a empresa produz o contexto onde são tomadas suas decisões.

A liderança intuitiva requer, além disso, a disposição de cometer, de admitir e de aceitar erros. No entanto, é vital mencionar que não se espera que o líder releve erros causados por hábitos descuidados de trabalho ou por deficiências de execução. O que deve ser perdoado e admitido é o erro decorrente da aspiração a um melhor desempenho. Quando as pessoas dentro de uma organização acreditam que podem ser inovadoras e até falhar sem sofrer recriminações, a criatividade e a intuição começam a florescer.

A capacidade de ouvir a voz intuitiva quando ela se manifesta depende apenas de exercício, preparação e prática. A capacidade de confiar nela vem somente com a ação a partir dela. Enquanto estivermos atados à sabedoria convencional que aconselha a segurança em detrimento do risco, nunca poderemos dar um passo além e alcançar estrelas. O líder intuitivo sabe que, num mundo competitivo, o *status quo* inspira a poucos e cria menos ainda. Somente ampliando o horizonte para além do visível e ouvindo a calma voz interior poderemos possibilitar o crescimento e a inovação. E esse é o domínio da intuição.

182

LEVANTAMENTO TIPOLÓGICO JUNGUIANO

HORACE GRAY, M. D.
JANE H. WHEELWRIGHT
JOSEPH B. WHEELWRIGHT, M. D.

ORIENTAÇÕES

Este é um estudo de *tipos psicológicos* e não de inteligência ou de emoções. Não há nele respostas certas ou erradas. Cada pessoa apresenta de vez em quando todas as tendências. Qual delas você usa de modo mais imediato, ou seja, qual delas corresponde à sua tendência natural, espontânea ou típica, em contraposição àquilo que você aspira a ser ou se tornou? É favor assinalar suas respostas na folha de respostas à parte. As respostas serão mais fáceis e mais satisfatórias se você fizer o teste em vinte minutos, pulando as perguntas que não lhe agradarem. Depois, se quiser reler e mudar alguma resposta dada, faça-o.

1. De modo geral, você gosta de
   a. Ouvir
   b. Falar

2. Quando examina um problema, você
   a. Primeiro busca um fundamento na experiência
   b. Primeiro avalia o momento-lugar-pessoa particular

3. É mais da sua natureza
   a. Pensar sobre a vida e sentir a vida
   b. Lançar-se na experiência ativa

183

4. Você se interessa mais por
   a. Saber por que uma pessoa é como é
   b. Por que ela faz algo

5. Se tivesse o sustento garantido, você trabalharia
   a. Numa área ligada à imaginação
   b. Num campo prático

6. Você gosta de quadros com um sentido de
   a. Alçar-se ao alto
   b. Ficar perto da terra

7. Na prática, você é
   a. Casual
   b. Pontual

8. Supondo que você seja cuidadoso na prática, qual o seu verdadeiro impulso?
   a. Falar o que pensa
   b. Evitar se comprometer

9. Ao formar juízos, seu processo mental é primordialmente
   a. Buscar um princípio diretor
   b. Expressar sua avaliação pessoal

10. No estudo da humanidade, você prefere
    a. Princípios e leis
    b. Costumes e opiniões

11. Você se expressa com mais facilidade
    a. Escrevendo
    b. Falando

12. Você se pergunta o que há por trás das observações alheias
    a. Com freqüência
    b. Não muito

13. Você fica ávido por participar dos planos alheios
    a. Raramente
    b. Normalmente

14. Você prefere
    a. Ler sobre algo
    b. Ouvir sobre algo

15. Seu impulso é ser
    a. Tranqüilo
    b. Apressado

16. Quando se desilude com um livro, você
    a. Experimenta outro
    b. Lê até o fim

17. Quando vai viajar, você costuma fazer as malas
    a. No último momento
    b. Antecipadamente

18. De modo geral, você prefere pessoas que
    a. Agem principalmente a partir do pensamento

b. Agem principalmente a partir do sentimento

19. Você acha mais fácil dedicar-se a
   a. Problemas sociais
   b. Problemas dos amigos

20. O tato é para você uma questão de
   a. Respeitar opiniões independentes
   b. Mostrar uma calorosa simpatia

21. Ao elogiar, você é
   1. Reservado
   2. Franco

22. Sua atitude é ser
   a. Mais geral
   b. Mais específico

23. Você gosta de conversar com caixas, cabeleireiros, porteiros, etc?
   a. Não
   b. Sim

24. A campainha do telefone é um prazer?
   a. Não
   b. Sim

25. Você despreza os detalhes em favor de interesses imediatos
   a. Com certa freqüência

b. Raramente

26. Você prefere ler
   a. Textos poéticos e de fantasia
   b. Temas da atualidade

27. Ao perceber coisas, você vê inicialmente
   a. O quadro geral
   b. Detalhes importantes

28. Ao raciocinar, você vai do
   a. Geral para o particular
   b. Particular para o geral

29. Diante dos infortúnios alheios, seu impulso é
   a. Procurar a causa
   b. Consolar

30. Quando ouve duas pessoas manifestando diferenças de opinião, você espera que
   a. Alguma coisa boa resulte disso
   b. Elas parem com isso

31. Quantos amigos você tem?
   a. Poucos
   b. Muitos

32. No tocante às reações humanas, você se interessa mais por
   a. Leis psíquicas gerais
   b. Peculiaridades individuais

185

33. Quanto à leitura, você pre-
    fere
    a. Estudo de personagens
    b. Ação

34. Quanto a cores, você prefere
    a. Tons neutros
    b. Tons alegres

35. Você prefere
    a. Gastar
    b. Poupar

36. Agir com método é
    a. Um problema
    b. Uma coisa natural

37. Você classifica uma pessoa
    com base numa rápida entre-
    vista?
    a. Sim
    b. Não

38. Quando há divergências de
    opinião entre você e seu cír-
    culo, você fica
    a. Curioso
    b. Incomodado

39. Você tem mais interesse
    a. Nas crenças das pessoas
    b. No comportamento das
       pessoas

40. Você considera as observa-
    ções fatos
    a. A serem estudados

b. A serem avaliados quanto
   a seu possível uso

41. Seu temperamento é mais
    a. Ponderado
    b. Espontâneo

42. Nas cartas pessoais, você ten-
    de a
    a. Alterar palavras aqui e ali
    b. Deixar tudo como saiu

43. Você gosta de conhecer pes-
    soas estranhas?
    a. Não
    b. Sim

44. Em casa, você conversa
    a. Não muito
    b. Bastante

45. Nas férias, você costuma agir
    a. De acordo com o momento
    b. De acordo com seus planos

46. As conclusões lhe vêm
    a. Por inspiração imediata
    b. Por reflexão deliberada

47. Vivendo sozinho, você
    a. Não se incomodaria muito
       com os detalhes
    b. Manteria as coisas numa
       ordem precisa

48. Quando conhece as pessoas,
    você prefere falar sobre

a. A profissão delas
b. Os gostos pessoais delas

49. Você prefere ler
a. Biografias
b. Romances

50. Você prefere entradas de prédios
a. Discretas
b. Monumentais

51. Numa festa, você fica mais à vontade na companhia de
a. Seis pessoas
b. Doze pessoas

52. Quando fica de cama por uma semana ou mais, estando os problemas profissionais e domésticos bem encaminhados, você fica inquieto?
a. Sim
b. Não

53. Com relação aos amigos, você prefere
a. Vê-los uma noite por semana
b. Vê-los três vezes por semana

54. Quando uma pessoa tem uma idéia errada, você
a. Muda de assunto
b. Tenta fazê-la mudar de opinião

55. Com que freqüência um problema lhe parece um cômodo fechado que a intuição tem de abrir?
a. Com muita freqüência
b. Com bem pouca freqüência

56. Quanto a obras de arte, você prefere as
a. De forma livre
b. De nitidez fotográfica

57. O esmero é para você
a. Uma conquista
b. Uma atitude inata

58. Se você tivesse de esperar alguém num hotel com duas recepções decoradas de maneiras diferentes, você daria preferência à
a. Azul
b. Rosa

59. Uma vez determinado um alvo, você age com relação a ele
a. Tenazmente
b. Reorientando-se prontamente

60. Você gosta de colecionar coisas?
a. Sim
b. Não

187

61. Supondo que você goste de ambos os tipos, você prefere na maioria das vezes
    a. Pessoas reflexivas
    b. Pessoas ativas

62. Em quadros, o que o atrai mais?
    a. As formas
    b. As cores

63. Você prefere tomar decisões
    a. Lentamente
    b. Imediatamente

64. Supondo que você tivesse igual conhecimento das duas, que peça você iria ver?
    a. Hamlet
    b. Romeu e Julieta

65. Você fica incrivelmente irrequieto
    a. De quando em quando
    b. Pouquíssimas vezes

66. Quando tem insônia, você toma comprimidos para dormir
    a. Com certa freqüência
    b. Raramente

67. Diante de uma paisagem primaveril, você percebe em primeiro lugar
    a. As linhas e as cores iguais

b. Os detalhes do céu, das árvores, das flores

68. Você classifica as pessoas de acordo com
    a. Seus interesses especiais
    b. Fatores variados

69. Ao ler em busca de informações, você dá preferência a uma apresentação
    a. Coerente e completa
    b. Multifacetada e variável

70. Você tem propensão a desenvolver
    a. A vida interior
    b. A vida exterior

71. Você gosta de se ocupar com
    a. Uma coisa de cada vez
    b. Uma variedade de coisas

72. Você fica ávido para que os outros participem dos seus planos
    a. Às vezes
    b. Normalmente

73. Na decoração, você prefere
    a. Tons pastel
    b. Cores primárias

74. Você se vê tentado a novos empreendimentos
    a. Bastante
    b. Não muito

75. Quando escolhe um presente para alguém, você procura uma coisa
a. Que considera que vai ser uma agradável surpresa
b. Que julga que a pessoa precisa

76. Você nasceu com um relógio na cabeça?
a. Não
b. Sim

77. Que estilo de arte você prefere?
a. Tradicional
b. Moderna

78. Seu temperamento é
a. Sério
b. Caloroso

79. Você
a. Restringe as amizades a umas poucas pessoas nas quais confia
b. Tem muitos relacionamentos de amizade

80. Tendo formado uma opinião, você
a. A altera de bom grado
b. Tende a se apegar a ela

81. No tocante a possibilidades futuras, você
a. Enfrenta as dificuldades quando elas aparecem
b. Faz planos levando em conta várias contingências

O LEVANTAMENTO

O Levantamento Tipológico Junguiano é uma pesquisa psicológica elaborada para delinear tipos de estrutura de personalidade. Em seu livro *Psychological Types* [Tipos Psicológicos], publicado em 1921, o dr. Jung definiu e escreveu as atitudes e funções que compõem tipos específicos de personalidade.

Vem em primeiro lugar a atitude geral do indivíduo: Introversão *versus* Extroversão. Essa atitude depende da direção habitual da energia psíquica: para dentro ou para fora. Vêm em seguida o par de funções de percepção: sensação *versus* intuição. E vêm, por fim, o par de funções de julgamento: pensamento *versus* sentimento.

O propósito da pesquisa é classificar o tipo psicológico da pessoa que preencher o questionário.

APLICAÇÃO

A aplicação do teste é simples. A pessoa recebe a folha de perguntas e a folha de respostas, com instruções para ler cada pergunta e registrar a resposta no lugar apropriado. O tempo sugerido é de vinte minutos e devem marcar-se as respostas geradas como primeira reação à pergunta, em vez de se fazer uma prolongada reflexão antes de responder. Os itens na folha de resposta estão numerados verticalmente, e não horizontalmente, e pode ser recomendável chamar a atenção da pessoa que faz o teste para isso antes de ela começar a responder.

CONTAGEM DE PONTOS

A contagem de pontos é feita de acordo com seis categorias. São elas:

I. Introversão
E. Extroversão
U. Intuição
S. Sensação
T. Pensamento
F. Sentimento

No processo de contagem de pontos, a folha de respostas é considerada no sentido horizontal. Os números das dez primeiras perguntas designam também as dez linhas em que se divide a folha de respostas. As linhas de 1 a 4 compõem a Escala de Introversão-Extroversão; as de 5 a 7 representam a Escala de Intuição-Sensação; e as de 8 a 10 registram a Escala de Pensamento-Sentimento.

O número de respostas (a) nas linhas 1 a 4 é contado e registrado sob I (Introversão); o número de respostas (b) nas mesmas linhas é registrado sob E (Extroversão). Nas linhas 5 a 7, o número de respostas (a) é anotado sob U (Intuição) e o número de respostas (b) sob S (Sensação). Nas linhas 8 a 10, registra-se o número de respostas (a) sob a rubrica T (Pensamento), ao passo que as respostas (b) são anotadas sob F (Sentimento). Há trinta e quatro perguntas na Escala I-E, vinte e seis na Escala U-S e vinte e uma na Escala T-F.

Depois de registrar os pontos nos espaços fornecidos na parte direita inferior da folha de respostas, pode-se obter uma representação pictórica deles transportando-os para os gráficos fornecidos com a folha de respostas. Faz-se isso colocando os dados numéricos nos lugares apropriados das linhas graduadas que indicam a área testada. Esse perfil não fornece apenas uma representação imediata do tipo psicológico como também mostra qual das quatro funções é dominante nas personalidades Introvertida e Extrovertida e qual o lugar atribuído às outras três funções na personalidade.

VALIDADE E CONFIABILIDADE

A validade deste teste é, na melhor das hipóteses, de difícil verificação. Não há uma condição precedente nem uma condição posterior, progresso no tratamento, nem uma firme convicção com base na qual avaliar os resultados do teste.

Talvez a melhor indicação de validade seja o conceito de valor manifesto (*face validity*), ou seja, o teste é válido na medida em que parecer válido. As perguntas originais foram concebidas por um aluno de Jung, o dr. Joseph B. Wheelwright, por Jane H. Wheelwright, também aluna de Jung, e pelo dr. Horace Gray. O dr. Joseph Henderson ajudou e criticou. Todos os autores são analistas junguianos.

As diferentes maneiras de reagir ao mundo e aos outros indivíduos, empregadas por pessoas dos vários tipos psicológicos foram incorporadas às perguntas. Algumas delas induzem diretamente um tipo de reação e não outro (por exemplo, você gosta de conhecer pessoas estranhas?) e outras são mais sutis (por exemplo, você prefere amarelo ou verde?). Essas perguntas foram propostas a pessoas cujos tipos de personalidade já tinham sido previamente determinados no ambiente clínico pelos autores. Quando era compatível com a impressão clínica, a pergunta permanecia na bateria; quando não era, procedia-se à sua eliminação. Com base nessa técnica, foram mantidas, nesta versão (a décima quinta), 81 perguntas, todas em conformidade com a impressão clínica original do tipo. Cada item a ser incluído na bateria atendeu ao critério de estar associado com uma impressão clínica de Introversão-Extroversão, Sensação-Intuição, Pensamento-Sentimento na medida de P 05, ou menos, quando computado com um grau chi-quadrado de desvio.

A confiabilidade do teste não foi comprovada por métodos de divisão em metades (*split-half*) nem de teste-reteste, trabalho que ora está em execução.

Seja como for, é de notar que os autores não consideram o teste adequadamente padronizado e afirmam que uma padronização estatística não é possível enquanto os critérios de validação não forem plenamente determinados.

O PERFIL

São medidas três escalas bipolares: Introversão-Extroversão; Intuição-Sensação e Pensamento-Sentimento. A escala básica é a de Introversão-Extroversão, que mostra a atitude ou direção geral da energia psíquica. Vem em seguida a escala da função por meio da qual a pessoa percebe o mundo que a cerca, a de Intuição-Sensação. Por fim, vem a escala da função de julgamento, Pensamento-Sentimento, por meio da qual a pessoa dá forma às suas percepções.

Assim sendo, a primeira escala mostra se o sujeito é introvertido ou extrovertido, e as duas escalas seguintes mostram quais as duas funções usadas por ele mais freqüentemente. Isso nos proporciona oito variáveis possíveis, a saber:

Introvertido, com Intuição e Sentimento
Introvertido, com Intuição e Pensamento
Introvertido, com Sensação e Sentimento
Introvertido, com Sensação e Pensamento
Extrovertido, com Intuição e Sentimento
Extrovertido, com Intuição e Pensamento
Extrovertido, com Sensação e Sentimento
Extrovertido, com Sensação e Pensamento

A pesquisa tem como elemento adicional o fato de avaliar a primazia da função de percepção ou de julgamento. Se uma pessoa tiver sido classificada, por exemplo, como um tipo Extrovertido com Intuição e Sentimento, resta determinar se ela usa essas funções nessa ordem ou se a ordem deve ser invertida, dando-se primazia à função de sentimento.

Para facilidade de referência, as dezesseis variáveis são apresentadas aqui, divididas por igual a partir da atitude geral de Introversão ou Extroversão.

Introversão	Extroversão
Intuição-Sentimento	Intuição-Sentimento
Sentimento-Intuição	Sentimento-Intuição
Intuição-Pensamento	Intuição-Pensamento
Pensamento-Intuição	Pensamento-Intuição
Sensação-Sentimento	Sensação-Sentimento
Sentimento-Sensação	Sentimento-Sensação
Sensação-Pensamento	Sensação-Pensamento
Pensamento-Sensação	Pensamento-Sensação

Quando os resultados são transportados para o gráfico, evidencia-se imediatamente se a energia psíquica da pessoa testada flui para dentro (Introversão) ou para fora (Extroversão). Pode-se determinar ainda qual das quatro funções é a principal e qual é a auxiliar. Por exemplo, uma pessoa pode ter o seguinte resultado: I 14 E 20; U 19 S7; T 10 F 12. Nesse caso, ela é classificada como um tipo Extrovertido com Intuição e Sentimento. Fica claro, a partir dos resultados registrados, que sua função principal é a Intuição e que sua função auxiliar é o Sentimento, visto que seus números em Intuição se projetam bem mais na consciência do que seus números em Sentimento.

PRINCÍPIOS DE INTERPRETAÇÃO E DE DESCRIÇÃO DE FUNÇÃO

Desde a primeira publicação do livro do dr. Jung sobre os tipos psicológicos, têm havido muitas interpretações erradas, sentidos atribuídos arbitrariamente e a expressão de opiniões divergentes em discussões acerca de sua tipologia. Neste manual, tentaremos discutir as seis características levando em conta dois importantes requisitos. Em primeiro lugar, empenhamo-nos em garantir uma exposição das seis variáveis o mais próxima possível da delineação e descrição originais de Jung. Contamos para isso com a ajuda de uma longa associação com Jung, tanto enquanto discípulos dele como enquanto analistas junguianos, de dois dos autores da pesquisa (Joseph B. Wheelwright e Jane H. Wheelwright) e do fato de o terceiro autor também ser analista junguiano (Horace Gray). Em segundo lugar, levamos em conta o fato de a teoria dos tipos ter sido derivada de pessoas normais e não de doentes, não tendo o questionário a intenção de desvendar neuroses, mas de ajudar as pessoas a compreender sua relação consigo mesmas e com os outros. A presença de uma neurose tende a obscurecer as respostas precisas.

As duas atitudes humanas básicas com respeito à vida são a Introversão e a Extroversão. A libido (ou a energia psíquica, ou os interesses) do extrovertido flui para fora, na direção do objeto; para ele, os mais importantes fatores da vida são os fatos objetivos ou acontecimentos externos. As pessoas, as coisas e os eventos são inesgotavelmente interessantes para ele, que se adapta com facilidade e bem ao seu ambiente. Seu interesse é cativado e sua mente, estimulada pelo objeto; o extrovertido reage a este último de modo específico e não tende a generalizar ou a fazer introspecções a partir dele. Trata-se de uma pessoa que fala fluentemente, faz amigos com facilidade e é, de modo geral, um membro útil e apreciado da sociedade.

A libido do introvertido é dirigida predominantemente para dentro, e não para fora. Para o introvertido, a importância do objeto não reside neste, mas na maneira como este se relaciona com a sua própria psicologia. O fator dominante é, antes, o modo como ele reage a uma dada situação do que essa situação objetivamente considerada. O introvertido nunca se sente perfeitamente à vontade no mundo exterior dos homens e das coisas, dando preferência à sua própria vida interior, onde se sente bem tranqüilo. Ele não é apenas capaz de suportar a solidão num grau que arrasaria o extrovertido; ele precisa dela, em grande quantidade, a fim de manter a saúde mental. O introvertido normal também cultiva amizades, porém tende a limitar o número de amigos. Pode-se dizer que ele forma relações verticais (profundas) em oposição às relações horizontais (largas) do extrovertido.

As duas modalidades de percepção são a Sensação e a Intuição. Esse par alternativo se compõe de funções não-racionais, não no sentido de que se oponham à razão, mas por se acharem fora do domínio da razão, não sendo, em conseqüência, determinadas por ela.

O termo "sensação" empregado aqui refere-se à percepção sensorial, efetuada mediante os órgãos dos sentidos. O tipo que tem a sensação como função dominante percebe em especial através dos seus cinco sentidos: as convicções exteriores e interiores espontaneamente sentidas constituem a realidade para ele. Ele percebe essas realidades em sua existência presente, aqui e agora.

A função psicológica da intuição transmite percepções por meio do inconsciente da outra pessoa. A intuição é uma consciência imediata da configuração global sem uma verdadeira compreensão dos detalhes do conteúdo. Ela está voltada tanto para fenômenos externos como para fenômenos internos. Seu foco são as possibilidades.

Enquanto o tipo que tem a sensação como função dominante se interessa pela configuração presente das coisas, o intuitivo vê as coisas tais como podem ser. Os fatos concretos internos ou externos que interessam ao sensitivo não interessam ao intuitivo, ao passo que as possibilidades, que são para o intuitivo tão cheias de vida, têm pouco sentido para o tipo sensitivo. O intuitivo tende a viver no futuro ou no passado, enquanto seu tipo polar tende a viver no presente. O tipo sensitivo depende, para reagir, de dados concretos, enquanto o intuitivo se vê atrapalhado por essas coisas inflexíveis; o sensitivo não consegue ver a floresta nas árvores, e o intuitivo não consegue ver as árvores na floresta.

O Pensamento e o Sentimento são as duas funções usadas para avaliar ou julgar as coisas. São as chamadas funções racionais.

Jung considerava a pessoa cuja função dominante é o pensamento aquela cujas ações importantes advêm de motivos intelectualmente considerados. Ela enfrenta as situações com o pensamento lógico, moldando seus atos pelas conclusões a que chega. O pensamento costuma levar em conta as regras conhecidas da experiência humana e tem de estar sempre voltado para o conteúdo, interno ou externo. Ele classifica e dá nomes: é impessoal.

O sentimento envolve uma valorização ou desvalorização das realidades internas ou externas. O sentimento atribui ao conteúdo um valor definido no sentido de aceitação ou de rejeição. A função sentimento julga por meio de uma avaliação do tempo, do lugar e da pessoa. É uma função pessoal; ela representa a aceitação ou rejeição de algo pela pessoa com base em seus próprios valores, vinculando-se igualmente com o valor intrínseco das coisas. Essa função está voltada em particular para os valores e a moral — se bem que não esteja necessariamente ligada a atitudes convencionais.

A função do questionário é, portanto, determinar a combinação dominante em cada pessoa, bem como se ela usa primordialmente uma função de percepção ou de julgamento. Como conclusão, pode-se ter uma imagem de como a pessoa reage à crise. Ela procura uma saída (Sensação), espera por um impulso interior (Intuição), imagina uma maneira de se livrar do problema identificando-o e analisando-o (Pensamento) ou tenta fazê-lo por meio do relacionamento (Sentimento)?

HISTÓRICO

Várias formas de questionário e de fichas de avaliação que estabelecem distinções amplas entre Introversão e Extroversão foram experimentadas desde a publicação por Jung, em 1921, da sua obra sobre os tipos psicológicos. No entanto, nenhuma dessas tentativas tentou separar as quatro funções e examinar seu uso preferencial na personalidade normal. Esse foi o objetivo do questionário Gray-Wheelwright em sua primeira formulação, em 1944. Talvez seja importante reiterar que os autores eram analistas junguianos e estavam familiarizados, tanto subjetiva como objetivamente, com a teoria dos tipos.

Foram selecionadas e distribuídas aleatoriamente trezentas perguntas, com a instrução de que se despendessem vinte minutos para respondê-las. As perguntas tinham sido previamente estudadas, tendo sido feitos esboços de interpretações do par de variáveis a ser avaliado. O conjunto de respostas foi comparado com estimativas clínicas das pessoas que fizeram o teste e progressivamente expurgado, reformulado e reestudado. Mediante uma série de dezesseis revisões, chegamos ao atual questionário, tendo-lhe dado o nome de Levantamento Tipológico Junguiano.

USO DO QUESTIONÁRIO

O questionário pode ser usado por qualquer médico ou estudioso da personalidade desejoso de obter uma classificação ampla de características da personalidade, obtendo essa classificação de modo não sentencioso nem depreciativo.

Há duas áreas para as quais um conhecimento dos tipos psicológicos é extremamente proveitoso. Em muitas modalidades de situações terapêuticas é útil ao terapeuta avaliar as capacidades e limitações dos pacientes em termos do seu comportamento e adaptação possível. O processo terapêutico é facilitado se o terapeuta compreender o tipo psicológico do paciente e, em conseqüência, evitar que essas características perturbem a terapia. É de esperar que o conhecimento do tipo de personalidade da pessoa com quem o terapeuta trabalha permita a este último falar uma linguagem que o paciente entenda. Falar de modo intuitivo com alguém voltado para o factual, ou intelectualmente com alguém que vê o mundo por meio do sentimento, é um desperdício de palavras.

A segunda área importante é a das relações conjugais. Muitas situações conjugais problemáticas giram em torno de problemas de tipos de personalidade que bloqueiam a comunicação. Nossas pesquisas demonstram que, numa série de mais de mil sujeitos, uma larga proporção desposou seu oposto polar — embora essas mesmas pessoas tendam a escolher para amigos tipos iguais aos seus. Embora essas "uniões complementares" possam produzir uma combinação total de tipos psicológicos, também pode haver, como decorrência, difíceis problemas conjugais. Com demasiada freqüência, cada parceiro espera que as reações, necessidades e desejos do outro sejam iguais aos seus. Numa tal situação, quando se supõe que o parceiro opere a partir do mesmo quadro de referência, é comum haver uma ruptura na comunicação, o que pode levar a um dramático desentendimento.

Uma relação simbiótica pode produzir um notável bloqueio de crescimento. Isso significa que, enquanto puder fazer que o outro cumpra as funções para as quais é menos capacitado, o parceiro não desenvolve essa faceta da sua personalidade. Mediante o processo de determinação e de compreensão, não somente do próprio tipo psicológico mas também do tipo psicológico do parceiro, a união conjugal pode vir a ser um relacionamento honesto e realista. E o processo de crescimento é promovido pela necessidade de a pessoa ser responsável pelas suas próprias funções inferiores e pelo seu desenvolvimento.

LEVANTAMENTO TIPOLÓGICO JUNGUIANO
FOLHA DE RESPOSTAS

Nome _____

Profissão _____

Sexo _____

Idade _____

Estado civil _____

Data _____

Pontos _____

I _____ U _____ T _____

E _____ S _____ F _____

Faça um círculo em cada resposta a ou b

1 $^a/_b$	11 $^a/_b$	21 $^a/_b$	31 $^a/_b$	41 $^a/_b$	51 $^a/_b$	61 $^a/_b$	70 $^a/_b$	78 $^a/_b$
2 $^a/_b$	12 $^a/_b$	22 $^a/_b$	32 $^a/_b$	42 $^a/_b$	52 $^a/_b$	62 $^a/_b$	71 $^a/_b$	79 $^a/_b$
3 $^a/_b$	13 $^a/_b$	23 $^a/_b$	33 $^a/_b$	43 $^a/_b$	53 $^a/_b$	63 $^a/_b$	72 $^a/_b$	
4 $^a/_b$	14 $^a/_b$	24 $^a/_b$	34 $^a/_b$	44 $^a/_b$	54 $^a/_b$	64 $^a/_b$	73 $^a/_b$	
5 $^a/_b$	15 $^a/_b$	25 $^a/_b$	35 $^a/_b$	45 $^a/_b$	55 $^a/_b$	65 $^a/_b$	74 $^a/_b$	80 $^a/_b$
6 $^a/_b$	16 $^a/_b$	26 $^a/_b$	36 $^a/_b$	46 $^a/_b$	56 $^a/_b$	66 $^a/_b$	75 $^a/_b$	81 $^a/_b$
7 $^a/_b$	17 $^a/_b$	27 $^a/_b$	37 $^a/_b$	47 $^a/_b$	57 $^a/_b$	67 $^a/_b$	76 $^a/_b$	
8 $^a/_b$	18 $^a/_b$	28 $^a/_b$	38 $^a/_b$	48 $^a/_b$	58 $^a/_b$	68 $^a/_b$	77 $^a/_b$	
9 $^a/_b$	19 $^a/_b$	29 $^a/_b$	39 $^a/_b$	49 $^a/_b$	59 $^a/_b$	69 $^a/_b$		
10 $^a/_b$	20 $^a/_b$	30 $^a/_b$	40 $^a/_b$	50 $^a/_b$	60 $^a/_b$			

IE

32	34
28	30
24	26
20	22
16	18
12	14
8	10
4	6
0	2

REFERÊNCIAS

Ball, R. J., 1932. "Introversion-extroversion in a group of convicts." *J. Abn. & Soc. Psychol.*, nº 26, pp. 422-28.

Campbell, K. J., 1929, "The application of extroversion-introversion tests to the insane." *J. Abn. & Soc. Psychol.*, nº 23, pp. 479-81.

Case, V., 1941. *Your Personality, Introvert or Extrovert*. Nova York, Macmillan.

Cobb, S., 1941. *Foundations of Neuropsychiatry*, 2ª ed. Baltimore, Williams & Wilkins.

Collier, R. M., & Emch, M., 1938. "Introversion-Extroversion: The concepts and their clinical use." *Am. J. Psychiat.*, nº 94, pp. 1045-75.

Conklin, E. S., 1923. "The definition of introversion, extroversion, and allied concepts." *J. Abn. & Soc. Psychol.*, nº 17, pp. 367-82.

_____, 1927. "The determination of normal extrovert-introvert interest differences." *J. Genet. Psychol.*, nº 34, pp. 28-37.

Evans, C., & McConnell, T. R., 1941. "A new measure of introversion-extroversion." *J. of Psychol.*, nº 12, pp. 111-24.

Gray, H., & Wheelwright, J. B., 1944. "Jung's psychological types and marriage." *Stanford Med. Bull.*, nº 2, pp. 37-39.

_____, 1945. "Jung's psychological types, including the four functions." *J. Gen. Psych.*, nº 33, pp. 265-84.

_____, 1946. "Jung's psychological types, their frequency and occurrence." *J. Gen. Psych.*, nº 34, pp. 3-17.

Hinkle, B. M., 1922. "A study of psychological types." *Psychoanal. Rev.*, nº 9, pp. 107-97.

Huxley, J. S., 1941. *Man Stands Alone*. Nova York, Harper.

Jung, C. G., 1923. *Psychological Types*. Nova York, Harcourt Brace.

Super, D. E., 1942. "The Bernreuter personality inventory: A review of research." *Psychol. Bull.*, nº 39, pp. 340-47.

GRÁFICA PAYM
Tel. (011) 4392-3344
paym@terra.com.br